베네수엘라 위기

왜 발생했고 어떻게 전개될 것인가?

책갈피

이 도서의 국립중앙도서관 출판예정도서목록(CIP)은 서지정보유통지원시스템 홈페이지(http://seoji.nl.go.kr)와 국가자료종합목록시스템(http://www.nl.go.kr/kolisnet)에서 이용하실 수 있습니다. (CIP제어번호 : CIP2019013076)

베네수엘라 위기

왜 발생했고 어떻게 전개될 것인가?

조셉 추나라, 앤디 브라운, 김준효 지음

베네수엘라 위기
왜 발생했고 어떻게 전개될 것인가?

지은이 | 조셉 추나라, 앤디 브라운, 김준효
엮은이 | 김준효, 김영익

펴낸곳 | 도서출판 책갈피
등록 | 1992년 2월 14일(제2014-000019호)
주소 | 서울 성동구 무학봉15길 12 2층
전화 | 02) 2265-6354
팩스 | 02) 2265-6395
이메일 | bookmarx@naver.com
홈페이지 | http://chaekgalpi.com
페이스북 | http://facebook.com/chaekgalpi

첫 번째 찍은 날 2019년 4월 15일

값 6,000원

ISBN 978-89-7966-160-6

차례

베네수엘라와 세계의 주요 사건들

1989년 IMF 긴축과 물가 인상에 항의하는 '카라카소' 항쟁 발발.
       향후 급진화 과정 촉발.

1992년 우고 차베스, 쿠데타 시도(실패).

1998년 우고 차베스, 베네수엘라 대통령 당선.

1999년 미국 시애틀에서 시위대가 WTO 정상회담 무산시킴(시애틀
       전투). 대안세계화 운동 부상.

2001년 9·11 테러.

2002년 베네수엘라 야당·군부의 반反차베스 쿠데타.
       대중 시위로 3일 만에 끝남.

       베네수엘라 자본가들이 생산 마비시키려 '사장 파업' 일으킴.
       3개월 만인 이듬해 초에 끝남.

2003년 미국의 이라크 침공. 이에 맞서 "또 하나의 슈퍼파워" 세계
       적 반전운동 부상.

       차베스, 대규모 복지 프로젝트 '미시온' 발족.

2005년 차베스, "베네수엘라는 21세기 사회주의로 나아갈 것" 선언.

2008년 세계경제 위기.

2013년 차베스 사망. 니콜라스 마두로 대통령 취임.

2014년 베네수엘라 반정부 폭동('과림바')으로 120명 이상 사망.

2015년 미국 대통령 버락 오바마, 베네수엘라를 "미국 안보에
       대한 위협"으로 규정.

       베네수엘라 총선에서 친기업·반정부 야당들이 승리.

2016년 도널드 트럼프 미국 대통령 당선.

2019년 1월 23일 베네수엘라 국회의장 후안 과이도가
       "임시 대통령" 선언. 정권 교체 운동 발발.

미국

쿠바

멕시코

파나마

베네수엘라

콜롬비아

에콰도르

브라질

페루

볼리비아

칠레

아르헨티나

우루과이

일러두기

1. 인명과 지명 등의 외래어는 최대한 외래어 표기법에 맞춰 표기했다.

2. 《 》 부호는 책과 잡지를 나타내고, 〈 〉 부호는 신문, 주간지를 나타 낸다. 논문과 신문 기사 등은 " "로 나타냈다.

3. 본문에서 [ ]는 옮긴이가 독자의 이해를 돕거나 문맥을 매끄럽게 하려고 덧붙인 것이다. 지은이가 인용문에 덧붙인 것은 [— 지은 이]로 표기했다.

4. 본문의 각주는 지은이가 넣은 것이다. 옮긴이의 각주는 ' — 옮긴 이'로 표기했다.

5. 원문에서 이탤릭체로 강조한 부분은 고딕체로 나타냈다.

엮은이의 말

이 책을 내는 지금, 베네수엘라 야당들의 정권 교체 시도가 두 달 넘게 이어지면서 베네수엘라 정국은 격랑에 휩싸여 있다.

미국 도널드 트럼프 정부는 베네수엘라의 부르주아 야당들을 지지하며 제국주의적 개입에 나섰다. 트럼프 정부가 베네수엘라에 가한 "최대한의 압박"에는 경제제재부터 군사개입까지 "모든 선택지가 열려" 있다. 한국의 문재인 정부를 비롯한 친서방 정부·언론은 트럼프 정부에 장단을 맞췄다. 베네수엘라가 '사회주의의 실패' 사례라고 비난하는 이들은 모두 베네수엘라의 자결권은 안중에도 없다.

베네수엘라는 우고 차베스 집권 이후 20년 만에 커다란 위기에 빠져 있다. 그리고 평범한 베네수엘라인들이 그 대가를 혹심하게 치르고 있다. 2018년까지 약 300만 명이 극심한 경제적 어려움 때문에 나라를 떠났고, 남은 사람들은 사실상 배급에 의존해 연명한다. 위기가 어찌나 심각한지, 1년 만에 국민 평균 체중이 11킬로그램 줄었다고까지 하는 실정이다.

베네수엘라가 왜 이렇게까지 위기에 빠졌고 앞으로 어떻게 될 것이며 대안이 무엇인지에 대한 총체적 분석이 절실한 시점이다. 그래서 "오늘날 베네수엘라 위기의 원인은 사회주의가 아니라 사회주의의 부재(혹은 부족)"임을 논증하는 글을 세 편 엮어 소개한다.

먼저 필자가 2019년 3월 15일에 한 공개토론회에서 발표한 내용을 글로 정리해 실어, 최근 상황을 이해하는 데에 도움이 되고자 했다. 이어서 2장에는, 우고 차베스의 '볼리바르식 혁명' 과정이 한창이던 2006년 당시 상황을 분석하고 가능성과 한계를 짚은 조셉 추나라의 글을 실었다. 마지막으로는 베네수엘라의 위기가 본격적으로 심화하던 2017년에 위기의 원인과 대안의 가능성을 제시한 앤디 브라운의 글을 새로 번역해 실었다.

아무쪼록 이 책이 오늘날의 상황을 균형 있게 이해하는 올바른 관점을 제시하기를 바란다. 2006년 당시 조셉 추나라의 글을 훌륭하게 번역해 필자 자신을 비롯해 많은 이들에게 영감과 도움을 줬던 이수현과, 새로 번역한 글을 꼼꼼히 검토해 여러 오류를 교정해 준 김태훈·이정구에게 특히 감사 드린다.

2019년 4월 2일
엮은이를 대표해 김준효

1장
베네수엘라 위기의 원인과 대안

 "임시 대통령"을 자처하는 후안 과이도가 이끄는 베네수엘라 야당들의 정권 교체 운동이 (2019년 3월 20일 현재) 50일 넘게 이어지고 있다. 미국은 과이도와 야당들을 적극 지원하며 현 대통령 니콜라스 마두로 정부에 강도 높은 압박을 가하고 있다. 정권 교체 운동을 주도하는 것은 베네수엘라 사기업, 금융권, 언론사 사주 등 자본가들과 백인 상층 중간계급이다. 이들은 매우 강경한 자유 시장주의자들로, 마두로와 그 전

김준효, "베네수엘라 위기 — 왜 발생했고, 어떻게 전개될 것인가?", 〈노동자 연대〉 279호(2019년 3월 20일)를 조금 수정한 것이다.

임 대통령인 우고 차베스가* 집권한 20년 동안 줄곧 정권 교체를 노려 왔다.

2002년에는 지금 정권 교체 운동을 주도하는 국민 의지당VP의 뿌리가 되는 정당들과 군부가 쿠데타를 일으켰다. 그들은 당시 대통령 차베스를 대통령궁에서 납치했다. 노동자 대중 수십만 명이 거리에서 시위를 벌이지 않았다면 차베스는 외딴 섬에서 유명을 달리했을 것이다.

2002년 말 베네수엘라 자본가들은 베네수엘라 전국의 생산 시설과 창고를 폐쇄하고 사보타주를 하는 등 경제권력을 이용한 '사장 파업'을 감행했다. 그러나 석유산업 등에서 노동자들이 생산을 직접 기획·조직

---

* 우고 차베스(1954~2013): '카라카소' 항쟁의 정서를 반영한 민족주의적 쿠데타 시도로 유명해졌고, 짧은 옥살이 후 1998년 대선에 출마해 낙승했다. 19세기 라틴아메리카 독립운동 지도자 시몬 볼리바르의 이름을 따 자신의 정치 운동을 '볼리바르식 혁명'이라고 불렀다. 2003년 대규모 사회 복지 프로그램 '미시온'을 발족·시행했고, 2005년 "21세기 사회주의"를 선언했으며, 2006년 유엔 총회에서 당시 미국 대통령 조지 W 부시의 이라크 전쟁을 강도 높게 비난했다. 2013년 암으로 사망했다.

하고 물자를 분배해 자본가들의 시도를 좌절시켰다.

그 후로도 베네수엘라 야당들은 차베스가 사망하는 2013년까지 계속 정권 교체를 시도했다. 차베스 사후에는 더 자주, 더 강력한 공격을 감행했다. 이들은 거리에서 폭동을 일으키고, 암살 시도와 테러를 벌이고, 수시로 사회 기반 시설을 파괴했다.

이들은 굉장히 인종차별적이기도 하다. 이들은 쿠데타를 반대하는 베네수엘라 빈민을 '이빨 없는 사람들'이라고 부르는데, 가난한 유색인에 대한 지독한 경멸을 담은 표현이다. 이들이 말하는 민주주의, 자유 운운에 일말의 환상도 품지 말아야 한다. 지금 베네수엘라에서 야당들이 벌이는 일은 민주주의 없는 국가 권력 탈취, 즉 쿠데타다.

사실상 '파탄' 상태로 내몰린 베네수엘라

2019년 3월 7일, 유례가 드물게 긴 정전으로 베네수엘라 전역이 어둠에 휩싸였다(현재는 정전이 복구됐다). 그러나 베네수엘라에서 지역 수준의 정전은 몇 년 동안 여러 차례 되풀이돼 왔고, 전력 노동자들은 전국적 정전 사태를 예견하며 누차 경고해 왔다.

베네수엘라는 산유국이지만 산업이 발전한 나라가 아니다. 전체 무역 수익에서 석유 수출 수익이 90퍼센트가 넘는 반면(대미 수출이 압도적이다) 공업 수준은 취약하다. 최근 수십 년 동안 베네수엘라의 1인당 국민총생산GDP은 대개 한국의 절반 수준이었고, 늘 양극화가 극심했다. 베네수엘라 대자본가들은 라틴아메리카에서 손꼽히는 부자들인 반면, 복지가 가장 잘 운영됐을 때조차 베네수엘라인 최소 4분의 1이 빈곤층이었다.

석유 의존도가 높기 때문에, 2013년 국제 유가 하락으로 베네수엘라 경제가 커다란 타격을 입었다. 국제통화기금IMF은 2018년 베네수엘라 물가 상승률을 100만 퍼센트로 추산했는데, 이는 생닭 한 마리 가격(1460만 볼리바르)이 최저임금(월 1만 8000볼리바르) 67년치만큼 치솟을 정도의 하이퍼인플레이션이었다.

경제 위기는 안전 문제와도 직결돼 있다. 베네수엘라는 조직범죄와 살인이 극심한 문제로 대두돼 있다. 멕시코 시민 단체 '공공 안전과 사법 정의를 위한 시민위원회CPSCJ'가 세계 주요 도시 50곳의 인구 10만 명당 피살자 숫자를 계산한 자료를 보면, 최상위 열 곳 중 세 곳이 베네수엘라 도시였고 그중 하나는 수도 카라카스(3위)였다. 이런 경제적·물리적 위협에 직면해 인구의 약 10퍼센트인 300만여 명이 주변국으로 탈출해 '경제 난민'이 됐다. 그런 난민의 최소 30퍼센트 이상이 노동자로 집계되기도 했다.

극심한 위기의 와중에, 베네수엘라 자본가들은 사보타주, 사재기, 투기, 밀수, 설비 파괴 등으로 혼란을 부추기고 있다. 나라가 혼돈 상태에 빠지면 대중이 정부를 버릴 것이라는 계산 때문이다.

라틴아메리카 진보·좌파 정부들과 미국 제국주의

미국은 20세기 내내 라틴아메리카를 자국의 '뒷마당' 취급해 왔다. 20세기 후반에만도 미국은 라틴아메리카 곳곳에서 친미 쿠데타를 지원하고 기획해 왔다.

그런데 2000년을 전후해 라틴아메리카에서 진보·좌파 정부들이 잇달아 집권했다(이른바 '핑크 물결'). 이 정부들은 성격이 조금씩 달랐지만 대체로 미국 제국주의 반대, 신자유주의 반대를 표방했다. '핑크 물결'은 전 세계 신자유주의 반대 운동을 고무했고 그 운동의 영향을 직접 받기도 했다. 신자유주의 반대 운동은 당시 세계적으로 부상했던 이라크 전쟁 반대 운동과 만나, 미국 제국주의에 맞선 "또 다른 슈퍼파워"라 불리기도 했다.

아프가니스탄과 이라크에서 전쟁을 벌이던 미국은 '핑크 물결'에 효과적으로 개입하지 못했고, 라틴아메리카 전체에 대한 영향력이 줄어들었다. 베네수엘라 차베스 정부는 '핑크 물결'의 가장 두드러지는 사례였고, 그 때문에 미국 지배자들은 공화당·민주당을 불문하고 차베스에 적대적이었다. 차베스도 미국 제국주의에 단호하게 반대했다. 이것이 뚜렷이 표출된 일화는 2006년 유엔 총회였다. 총회 자리에서 차베스는 당시 미국 대통령 조지 W 부시를 직접 겨냥해 "여기 악마가 왔다"고 규탄했고, 미국의 이라크 전쟁을 강도 높게 비판했다.

10여 년이 지난 오늘날, 라틴아메리카에서 '핑크 물결'은 퇴조하는 추세다. 곳곳에서 친기업적 정부들이 집권해, 그간 노동자 대중운동으로 쟁취한 개혁 성과를 되돌리고 경제 위기의 대가를 노동계급에 전가하려 한다.

2018년 브라질 대선은 그 중요한 기점이었다. 브라질은 라틴아메리카 최대 대국으로, 사회민주주의 정당 노동자당PT이 2016년에 몰락한 후, 강경 우파 자이르 보우소나루가 당선했다. 보우소나루의 취임식은 라틴아메리카와 세계 우파들의 잔치 자리가 됐다. 라틴아메리카의 또 다른 주요 국가인 아르헨티나도 2015년에 우파 대통령 마우리시오 마크리가 집권했다. 마크리 정부는 강도 높은 구조조정과 신자유주의 공격을 추진하고 있다.

이런 상황에서 미국은 베네수엘라 정권 교체 운동을 적극 지원하며 개입을 강화하고 있다. 미국 대통령 도널드 트럼프는 과이도가 대통령을 자처한 지 몇 분만에 과이도 지지를 선언했고, 베네수엘라를 압박하려고 유엔 안보리 회의를 두 차례나 소집했다. 이 자리에서 미국 국무 장관 마이크 폼페이오는 마두로와 과이도 중 "모든 국가가 한쪽을 선택해야 한다"고 을 러댔다. 미국은 변화한 라틴아메리카 상황에서 대륙 전체에 대한 정치적·경제적 영향력을 온전히 회복하려는 제국주의적 시도를 하고 있다.

2019년 1월 28일 미국은 베네수엘라 국영 석유 기업 PDVSA의 미국 자회사 '시트고'가 수익을 송금하는 것을 금지했다. 이제 미국은 베네수엘라와 거래하는 국외 금융기관, 특히 러시아 은행들에 대한 2차 제재도 언급하고 있다. 제재는 베네수엘라를 사실상 봉쇄하고 기아 상태로 내몰아 마두로 정부 몰락을 촉진하려는 시도다. 지금도 제재 때문에 식량 수입에 차질이 크게 빚어져, 베네수엘라인들은 정부 배급에 의존해 연명하는 실정이다. 미국은 이것과 유사한 전략을 약 40년 전에도 쓴 바 있다. 1970년대 초 미국은 칠레산 구리에 똑같은 방식으로 경제제재를 했다. 당시 칠레 '사회주의 대통령' 살바도르 아옌데 정부는 몇 년 후 라틴아메리카 역사상 가장 악명 높은 군부 쿠데타로 몰락했다. 수만 명이 학살당했다.

트럼프 정부는 군사개입까지 암시하고 있다. 2월 초 백악관 안보보좌관 볼턴은 "콜롬비아 국경에 5000명

파병"이라고 적힌 메모를 언론에 흘리기도 했고, 3월 14일 미국 국무 장관 폼페이오는 "미국의 작전에 제약이 된다"는 이유로 베네수엘라 주재 미국 외교 인력을 전원 철수시켰다.

미국이 '인도적' 지원을 제공하겠다는 것도 위선이다. 애초부터 그 '인도적' 지원은 베네수엘라 야당들의 영향력을 강화할 수단으로 기획됐다. 미국은 마두로 정부가 지원을 수용하면 수용하는 대로, 거부하면 거부하는 대로 개입의 명분으로 삼으려 했다. 트럼프 정부가 베네수엘라인들을 진정으로 '인도적' 목적에서 걱정했다면, 경제제재를 모두 해제하면 됐을 일이다.

이런 상황이니, 최근 정전 사태가 미국의 사이버 공격 때문이라는 주장이 나오는 것도 이해할 만하다. 미국 제국주의가 '민주주의를 회복'하겠다며 민중의 '희생'을 강요한 사례는 세계 곳곳에서 셀 수 없이 많기 때문에 더욱 그렇다.

트럼프 정부가 베네수엘라를 압박하는 데에는 이데올로기적 이유도 있다. 베네수엘라의 실패를 '사회주의'의 실패로 몰아, 버니 샌더스의 '민주사회주의' 열풍으로 대표되는 좌파 정치 부상에 대응하려는 것이다. 즉, 자본주의 지배 이외에 "다른 세계는 가능하다"는 대중의 이상을 꺾고, 운동의 기억을 지우려는 것이다.

저마다 꿍꿍이가 있는 세계 지배자들

베네수엘라 야당들의 쿠데타 시도와 관련해 세계의 다른 지배자들도 저마다 트럼프와 마찬가지 꿍꿍이가 있다. 야당이 운동을 시작한 초기부터 마두로 퇴진을 최후통첩식으로 요구한 유럽의회, '리마그룹' 회의에까지 참가해 베네수엘라 압박을 거드는 캐나다 정부가 바로 그런 사례다.

중국이 이제까지 미국의 개입에 불편한 기색을 표했던 것도 자국 자본주의의 이해관계 때문이다. '핑크 물결'이 라틴아메리카를 휩쓸던 2000년대 초는 중국 경제가 고속 성장하던 시기이기도 하다. 중국은 십

---

* 리마그룹 회의: 2017년 8월 아르헨티나, 브라질, 멕시코 등 중남미 국가들과 캐나다가 페루 수도 리마에 모여 마두로 정부 불인정, 우파 주도 국회 지지 등을 결의한 '리마선언'에 기초한 회의.

수 년 동안 라틴아메리카에서 원자재를 수입해 서방에 상품을 수출하는 '세계의 공장' 구실을 해 왔다. 이 과정에서 중국은 '핑크 물결' 정부들을 발판 삼아 라틴아메리카에서 경제적 영향력을 강화하려 해 왔다. 중국을 중심으로 생산을 세계적으로 재조직화하려는 장기적 전략의 일환이었다. 미국은 중국의 그런 행보를 상당히 경계해 왔다. 미국이 라틴아메리카에 대한 전략적 투자를 해 중국을 견제해야 한다는 주장을 미국 외교 전문가들이 펼쳐 온 배경에는 그런 경계심이 있다.

한편, 한국의 문재인 정부가 외교부 성명을 두 차례나 발표해 과이도를 지지한 것도 나름의 이해관계 계산의 발로였다(모욕적이게도, 문재인 정부는 제국주의에 맞선 투쟁을 기리는 3·1운동 100주년을 앞두고 미국의 제국주의적 개입을 거들고 나섰다). 문재인 정부는 라틴아메리카에서 트럼프 정부의 제국주의적 개입을 지지하는 대신 한반도에서 실익을 얻겠다는 구상인 듯하다. 그러나 그런 행보가 (부도덕한 것은 차치하고라도) 아무런 이득도 거두지 못한다는 것은 이미 노무현 정부 시절에 입증된 바 있다. 노무현 정부는 미국의 이라크 전쟁을 거들며 2004년에 자이툰 부대를 파병했지만, 그 뒤 한반도 정세는 미국의 대북 압박으로 더 악화됐다. 오히려 미국이 이라크에서 패배한 것이 한반도 긴장 완화에 도움이 됐다(한국 국내 상황으로도 이라크 파병은 노무현 정부의 아킬레스건이 됐다).

베네수엘라 사태에 대한 기본 태도는 더할 나위 없이 분명해야 한다. 미국의 제국주의적 개입에 단호하게 반대하고, 베네수엘라인들의 자결권을 무조건적으로 옹호해야 한다. 친제국주의·친시장주의 야당 쿠데타의 패배를 바라야 함은 물론이다.

사회주의의 실패?

그러나 동시에, 베네수엘라의 '볼리바르식 혁명', '21세기 사회주의'의 공과를 면밀히 살펴야 한다. 트럼프와 세계 우파 지배자들이 베네수엘라의 실패와 '사회주의'의 실패를 직결시키고 있기 때문이기도 하고, 그런 객관적 분석이 대안 문제와 연결되기 때문이기도

하다. 세 가지 점을 짚을 수 있다.

첫째, 차베스 집권의 배경에는 노동계급 대중의 투쟁이 있었다.

1989년 베네수엘라 노동자와 빈민이 '카라카소' 항쟁을* 벌인 이래, 라틴아메리카 전체에서 신자유주의에 맞선 중요한 운동들이 벌어졌다. 1994년 북미자유무역협정NAFTA 발효를 규탄하며 시작된 멕시코 사파티스타 운동 등이 그런 사례다. 그런 운동들은 1995년 프랑스 공공부문 파업, 1999년 미국 시애틀 세계무역기구WTO 회담 무산으로 이어져 세계적 반신자유주의 운동의 초석을 놓았다(한국에서 1996~1997년에 벌어진 대중 파업도 그런 국제적 운동 물결의 일부였다).

그런 운동의 영향을 받아, 차베스는 베네수엘라 자본주의의 여러 측면과 미국 제국주의에 도전할 수 있

---

* 카라카소 항쟁: 1989년 베네수엘라 정부가 IMF의 긴축 프로그램을 받아들이면서 대중교통 요금이 하룻밤 새 2배로 인상된 것에 항의해 미조직 노동자와 빈민이 수도 카라카스 인근에서 일으킨 자생적 항쟁. 베네수엘라와 라틴아메리카에서 급진화 과정을 촉발해, 나중에 우고 차베스가 집권하는 데 영향을 줬다. 2장 참조.

었다. 차베스 정부가 석유 수출 수익의 일부를 이용해 펼친 개혁('미시온')으로 인구의 4분의 1 정도 되는 극빈층의 삶이 유의미하게 개선됐다. 그런 개혁은 한국에서 노무현·문재인이 추진해 온 시장 개혁과는 성격이 완전히 달랐다. 더구나 세계 주요 자본주의 국가들에서 개혁을 표방한 정부들의 개혁 배신이 두드러졌기 때문에 베네수엘라 사례가 특히 영감을 줬다.

그러나 차베스는 자본주의 동학 자체에는 도전하지 않았다. 차베스는 노동계급 대중의 자발성을 위로부터 개혁에 이용했지만, 노동자들이 아래로부터 권력을 장악하고 사회를 계급의 필요에 따라 운영하는 것은 철저히 막았고, 자신도 그런 도전(예컨대 민간 자본을 몰수해 식량·생필품 생산 중심으로 산업을 재편하기 등)을 하지 않았다. '볼리바르식 혁명' 아래에서 베네수엘라 민간 자본가들은 자신의 경제권력을 포기하지 않아도 됐다. '혁명' 20년 후에도 자본가들이 마두로 정부에 맞서 기세 좋게 쿠데타를 시도할 수 있는 배경이다. 차베스는 산업을 스스로 통제하려는 노동자들을 가로막기도 했다. 베네수엘라 핵심 산업인 석유산업에서 노동자 관리 요구는 주의 깊게 통제됐다. 2002년 '사장 파업' 당시 차베스 정부와 베네수엘라 민중을 구한 것이 바로 그 노동자들의 자주적 통제였는데도 말이다. 이는 사회주의의 가장 중요한 원칙인 노동계급의 자력 해방에 배치되는 것이다.

둘째, 국가권력 문제가 있다. 차베스·마두로 집권기에 자본주의 국가는 대폭 강화됐다. 차베스 자신조차 말년에 '베네수엘라 국가는 자본주의 국가고 그 안에 비민주성이 만연해 있다'고 인정할 정도였다.

정당 문제도 이와 연결돼 있다. 차베스는 부패와 사보타주가 극심한 국가기구들을 우회하려고 2006년 베네수엘라통합사회주의당PSUV을 창당했다. 쿠바 공산당을 모델로 한 이 당에 600만 명이 입당했다. 그러나 이 당은 아래로부터 노동계급 대중운동을 고무하기보다는 국가 관료와 출세주의자들의 이해관계를 구현하는 도구 구실을 하게 됐다. 부패가 극심했다.

2013년에 국제 유가가 하락하면서 베네수엘라 국가는 '누가 경제 위기의 대가를 치를 것인가' 하는 계급적 선택에 직면했고, 노동계급 대중에 그 대가를 전가하는 방향으로 조금씩 나아갔다. 마두로 정부가 몇 년에 걸쳐 시행한 예산·임금 삭감을 최근의 정전 사태와 떼어 놓고 볼 수 없는 배경이다.

셋째, 군부도 중요한 쟁점이다. 베네수엘라 군부는 어떤 의미에서도 대중에 민주적 책임을 지지 않는 자본주의 군대고, 자본주의 국가의 중요한 일부다. 마두로 내각의 절반이 현직 군 장성이거나 군부 출신 인사다. 베네수엘라 군부는 경제의 중요한 일부를 직접 경영하고 있다. 군부는 베네수엘라 동부 '아르코 미네로' 지역을 직접 관할 아래 두고, 약 150개 다국적기업과 합작해 광물을 채굴하고 있다.

미국은 경제제재로 베네수엘라 군부와 마두로 정부가 분열하기를 바라고 있기도 하다. 베네수엘라 위기가 한계를 넘을 듯하면 군부(또는 그 일부 성원들)가 본연의 기능, 즉 자본주의 체제 수호를 위해 나서 마두로를 제거하기를 바라는 것이다.

종합하면, 오늘날 베네수엘라 위기의 원인은 사회주의가 아니라 사회주의의 부재(혹은 부족)이다. 자본주의 체제와 권력을 그대로 둔 채 (급진적) 개혁을 추진하다가 경제 위기에 직면해 자본주의와 제국주의의 반격을 당하는 것이라고 할 수 있다.

위기 해결에는 노동자 권력이 요청된다

미국의 압박은 계속 심해지고, 과이도는 국가비상 사태를 선포해 외세 개입에 뒷문을 열었지만, 이들이 성공하리라고 단정할 수는 없다.

베네수엘라 노동계급 상당수는 자본가들의 반동적 쿠데타 시도를 극도로 증오한다. 서방 언론에 거의 보도되지 않지만, 쿠데타 반대 측은 여전히 수만 명 이상 대규모 시위를 벌이고 있다. 이 시위 참가자들이 모두 마두로 정부를 무비판적으로 지지하는 것도 아니다. 베네수엘라 노동자 대중은, 제국주의와 자본가들이 승리하면 역사의 시계를 거꾸로 돌리려는 피의 보복이 뒤따를 것을 알기 때문에 거리로 나오는 것이다.

그러나 미국 제국주의와 야당들의 성패 여부만큼이나 이를 어떻게 패퇴시킬 수 있는지도 중요한 쟁점이다.

극단적 대립은 극단적 해결책, 즉 혁명적 과제를 제기한다. 베네수엘라의 운명을 둘러싼 쟁투도 마찬가지다. 베네수엘라 노동계급 대중은 차베스와 마두로가 가지 않았던 길, '21세기 사회주의'의 진정한 산실인 노동자들의 권력 장악 문제를 제기해야 한다. 노동계급은 제국주의에 맞선 투쟁을 당면한 계급적 문제를 해결하는 투쟁과 연결해야 하고, 노동자들이 직접 권력을 장악하고 행사함으로써 그럴 수 있다. 이것은 1917년 러시아에서 노동자 소비에트와 볼셰비키가 보여 준 바이기도 하다.

당면한 식량과 생필품 문제를 해결하는 것이 첫째 과제다. 베네수엘라 노동계급은, 부패한 국가 관료들과 민간 사장들이 사재기·밀반출하는 재화를 몰수해 노동계급의 필요에 맞게 스스로 분배해야 한다. 한 해에 전국민 평균 체중이 11킬로그램씩 줄어드는 기아 상태를, 보름에 한 번 있는 마두로 정부의 배급에 의존해 해결할 수는 없다. 의존적 태도는 노동자 대중의 사기를 꺾기만 할 것이다. 베네수엘라 노동자 대중은 마두로 정부의 외채 상환을 즉각 중단시키고 모라토리엄을 선언해야 할 것이다. 그 재화는 세계 자본가들의 배를 불리는 것이 아니라 노동자 대중의 필요에 쓰여야 한다.

베네수엘라 노동자 권력이 직면할 둘째 과제는 생산 통제다. 베네수엘라 노동계급은 노동자·빈민의 필요를 우선해 경제 자체를 재편하고 생필품 등 필수적 생산을 대폭 강화해야 한다. 지금까지 부패한 정부와 관료, ('볼리바르식 혁명'으로 탄생한 자본가들이라는 뜻에서 '볼리부르게스'라 불리는) 신생 엘리트는 이에 완전히 실패해 왔다.

심각한 범죄와 소요 사태를 다스려야 한다는 셋째 과제도 노동자 권력에서 길을 찾을 수 있다. 무능하고 부패한 군경이 아니라 노동자들이 스스로 무장한 노동자 민병대로 치안 문제에 대응해야 한다. 그런 자체 무장력은 야당과 콜롬비아계 무장 세력의 테러·사보타주 시도부터 제국주의 군사개입까지 많은 것에 대처할 수 있을 것이다.

2002년 말에 '사장 파업'에 맞서 노동자 권력의 잠재력을 흘낏 보여 줬던 노동자들의 네트워크, 빈민들의 지역 네트워크는 많은 고난 속에서도 아직 완전히 무너지지 않았다. 그 잠재력이 훨씬 강화돼야 한다. 차베스가 제시했던 '볼리바르식 혁명' 수준에서 더 나아가야 하고 대중 민주주의가 강화돼야 한다고 주장하는 좌파가 소수이지만 베네수엘라 기층에 있다(이들은 스스로 '비판적 차비스타'라고 부른다). 그렇지만 이들이 쿠데타 반대 운동에서 얼마나 많은 지지를 건설해 왔고 지금 얻고 있는지는 또 다른 문제다. 만약 베네수엘라 노동계급과 좌파가 당면한 요구들에서 출발해 노동자 권력으로까지 운동을 전진시킨다면, 지금과는 완전히 다른 수준의 새로운 투쟁을 목격하게 될 수 있다.

그런 투쟁을 바라는 한국의 노동자와 좌파는 미국 제국주의의 베네수엘라 개입에 단호히 반대하고 베네수엘라 민중의 자결권을 무조건적으로 옹호해야 할 것이다.

2장
차베스와 베네수엘라
그리고 21세기의 혁명

21세기 사회주의

자본주의를 극복해야 한다는 … 제 확신은 날이 갈수록 강해지고 있습니다. 그러나 자본주의를 극복하는 것은 자본주의 자체 내에서는 불가능합니다. 그것은 사회주의, 즉 평등과 정의가 있는 진정한 사회주의를 통해서만 가능합니다. 저는 또 그것이 민주주의를 통해서만

원문: Joseph Choonara, *Venezuela and Revolution in the 21st Century*, SWP, February 2006. 이수현 옮김. 국역:《차베스와 베네수엘라 그리고 21세기의 혁명》, 다함께, 2006.

가능하다고 확신합니다. 그러나 미국이 강요하는 것과 같은 민주주의는 아닙니다.

우리는 사회주의를 재창조해야 합니다. 그것은 옛 소련과 같은 사회주의가 아닙니다. 경쟁이 아니라 협력을 바탕으로 우리가 새로운 체제를 건설하고 발전시키는 과정에서 새로운 사회주의는 나타날 것입니다.

— 2005년 1월 브라질 세계사회포럼에서
베네수엘라 대통령 우고 차베스가 한 연설[1]

우고 차베스가 세계 무대에 등장한 것은 2002년 4월 미국 정부의 지원을 받은 베네수엘라 기업인들과 우익 군 장성들이 차베스를 제거하기 위해 군사 쿠데타를 기도했을 때였다. 그 쿠데타는 1998년 12월 차베스가 대통령에 당선한 이후 베네수엘라의 소수 특권 부유층 사이에 누적된 불만과 계급적 증오를 여실히 보여 줬다. 또 차베스의 지지 기반도 보여 줬다. 베네수엘라 수도 카라카스의 언덕배기 판자촌에서 빈민 수만 명이 쏟아져 내려와 대통령궁을 에워싼 채 자신들이 선출한 대통령의 복귀를 요구했다. 사흘이 채 안돼 쿠데타는 실패했다.

이 봉기는 라틴아메리카 대륙에서 벌어진 투쟁의 절정 가운데 하나였다. 라틴아메리카의 운동은 전 세계 반자본주의 운동의 선두에 서 있다. 2003·2005년 민중 항쟁 당시 사회 하층민들이 권력 장악 문제를 둘러싸고 논쟁을 벌인 볼리비아와 베네수엘라는 사회주의와 노동자 권력을 다시 정치적 의제로 올려놓았다. 차베스는 자신이 혁명, 즉 '볼리바르식 혁명'을 하고 있다고 말한다. '볼리바르식 혁명'이라는 명칭은 200년 전 라틴아메리카를 스페인의 지배에서 해방시킨 군대의 지도자 시몬 볼리바르의 이름에서 유래했다. '볼리바르식 혁명'은 2002년 쿠데타 이후 지난 몇 년 동안 더 급진화하며 전 세계 반자본주의 운동의 주목을 끌었다.

'볼리바르식 혁명'에 대한 논의들은 흔히 차베스의 성격과 그가 이끄는 정부의 정책에 집중하는 경향이 있다. 차베스가 영감을 주는 인물이라는 것은 분명하다. 그는 미국 제국주의와 신자유주의를 자주 비판해 널리 존경을 받고 있다. 쿠데타 당시 거리로 뛰쳐나와 차베스를 방어한 사람들이 보여 줬듯이, 차베스는 가난하고 소외된 사람들과 긴밀한 관계를 맺고 있다. 그는 평범한 집안 출신이고, 대다수 베네수엘라인들과 마찬가지로 원주민 혼혈이어서 피부도 검다. 원주민들은 16세기에 스페인 정복자들이 들이닥치기 오래전부터 아메리카 대륙에 거주했고, 그때 이후 줄곧 차별과 천대에 시달려 왔다.

그러나 베네수엘라에서 벌어지는 일들을 제대로 이해하려면 특정 개인의 성격이나 정책들을 뛰어넘어야 한다. 훨씬 더 심층적인 과정이 진행 중이고 훨씬 더 강력한 사회 세력들이 움직이고 있다. 이 글의 목적은 두 가지다. 첫째는 베네수엘라의 계급투쟁 격화, 특히 일련의 차베스 전복 기도에 맞선 대중운동 때문에 혁명적 과정이 어떻게 발전해 왔는지 보여 주는 것이다. 둘째는 아직 혁명적 과정이 끝난 것이 아니라고 주장하는 것이다. 그 과정이 완성되려면 베네수엘라 사회 하층민들의 행동을 통해 더 전진해야 한다. 자본주의를 극복하고 21세기의 사회주의를 현실로 만들기 위해서는 더 심층적이고 근본적인 변혁이 필요하다.

신자유주의와 라틴아메리카의 저항

지난 20년 동안 베네수엘라와 라틴아메리카 전체의 정치를 좌우한 것은 그 지역에 강요된 신자유주의 경제정책들이었다.

1930년대 이후 라틴아메리카의 많은 나라들은 수입대체공업화를 통해 경제성장을 이룩했다. 사회 기반 시설에 투자하고, 노동력 비용을 낮게 유지하기 위해 식량 등 생필품에 보조금을 지급하고, 외국 기업과의 경쟁에서 자국 기업을 보호하고, 주요 산업부문들을 국유화했다. 그러나 1960년대에 그런 개발 모델의 한계가 드러나기 시작하자 많은 라틴아메리카 나라들은 세계경제와의 더 긴밀한 통합을 추구했다. 외국자본에 국내시장을 개방하고, 제품 수출을 위한 틈새시장을 찾아 나섰다. 이런 경제적 변화들은 1964년 브라질의 군사 쿠데타, 1975년 이후 페루 군사정권의 우경화, 1973년 칠레의 쿠데타나 아르헨티나의 군사독재 (1966~1973년과 1976~1983년) 등 폭력적 개입을 통해 추진되곤 했다. 또, 지속적 성장과 발전 대신 점차 외채에 의존하게 됐다.

그러나 1980년대가 되면 그런 간헐적 성장조차 끝나 버렸다. 1980년대는 라틴아메리카에서 "잃어버린 10년"으로 통한다. 1970년대 말 세계경제 위기가 시작되자 라틴아메리카 지역은 특히 큰 타격을 받았다. 수출 시장은 위축됐고, 금리 인상은 외채 위기의 도화선이 됐다. 그러자 국가 주도 경제개발 정책을 버리고 세계은행과 국제통화기금IMF이 설파한 신자유주의를 채택하는 정부들이 늘어났다. 각국 정부는 외채 삭감의 대가로 구조조정 프로그램을 채택하라는 압력을 받았다. 새로운 경제적 합의의 근본에는 무역·금융의 규제 완화, 다국적기업들에 대한 국내시장 개방, 공공서비스 민영화, 생필품에 대한 보조금 철폐가 있었다.

이런 정책들이 라틴아메리카 대륙에 미친 결과는 재앙이었다. 1980년부터 1999년까지 7500만 명, 즉 라틴아메리카 인구의 15퍼센트가 의식주 같은 가장 기본적인 필요조차 충족시킬 수 없는 빈곤층으로 전락했다. 그들 가운데 약 3600만 명은 지금 자기 입에 풀칠조차 못하고 있다. 그리고 그 전에도 이미 심각했던 불평등은 같은 기간에 더욱 극심해졌다. 극소수가 다수 대중의 불행을 이용해 자신들의 배를 불렸기 때문이다.

신자유주의에 맞선 가장 강력한 반란들 가운데 일부가 라틴아메리카에서 일어났다. 1980~1990년대에 라틴아메리카의 많은 도시들에서 "IMF 폭동들"이 일어났다. 1994년 1월 멕시코의 원주민 단체인 사파티스타가 북미자유무역협정NAFTA에 반대하는 무장봉기를 시작했다. 사파티스타는 초기 반자본주의 운동의 주목을 끌었고, 1999년 미국 시애틀에서 세계무역기구WTO 회담을 결렬시킨 항의 시위 같은 대중운동을 고무하는 데 일조했다.

21세기에는 훨씬 더 큰 규모의 항쟁들이 새로 일어났다. 2000년 1월 에콰도르에서는 국제통화기금과 정부의 협정에 반대하는 민중 항쟁이 일어나 대통령을 쫓아냈다. 거리 운동과 국가가 충돌한 지 2년 뒤에 2000년 민중 항쟁을 지지한 군 장교 출신의 루시오 구티에레스가 대통령에 당선했다. 그러나 구티에레스도 대통령 취임 후 신자유주의 경제정책들을 추진하다가 2005년 4월에 쫓겨났다. 아르헨티나에서는 2001년 12월 경제 위기 때문에 거리 시위, 공장점거, 민중의회 수립 등 강력한 민중운동이 갑자기 등장했다. 그 이후 거리 운동의 언어를 일부 차용해 대통령에 당선한 네스토르 키르치네르 덕분에 아르헨티나 자본주의는 어느 정도 정상상태를 회복했다.

볼리비아에서는 신자유주의에 도전하는 가장 인상적인 대중운동이 있었다. 1999~2000년의 반란 때문에 정부는 코차밤바 지역의 물 민영화 계획을 철회할 수밖에 없었다. 코차밤바에서 탄생한 운동은 2003년 2월에 정부로 하여금 일련의 공격과 민영화를 철회하게 만들며 또다시 성공을 거뒀다. 그해 10월 새로운 투쟁 물결 속에서 원주민 시위대, 농민, 노동자가 단결해서 수도 라파스를 장악하고 대통령을 쫓아냈다. 새 대통령 카를로스 메사는 신자유주의 정책 폐기를 원하는 사람들의 기대를 배신했고, 그 때문에 메사 또한 2005년 6월 대통령직에서 쫓겨났다. 새로운 경제정책과 (라틴아메리카 2위의 매장량을 자랑하는) 석유·가스 국유화를 공약으로 내건 에보 모랄레스가 2005년

12월 대통령 선거에서 당선했다. 2003년과 2005년 대중운동의 조직화 규모와 수준은 운동 내에서 권력 장악에 대한 진지한 논쟁을 불러일으키며 1970년대 이후 처음으로 노동자 혁명의 가능성을 제기했다.

심지어 아르헨티나나 볼리비아 수준의 운동이 존재하지 않았던 브라질이나 우루과이 같은 나라들에서도 유권자들은 신자유주의를 멀리하겠다고 약속한 정부를 선택했다. 이들 새 정부의 성과는 여러모로 실망스럽지만, 그들이 신자유주의를 거부하고 변화를 염원하는 라틴아메리카 전역의 흐름을 표현하고 있다는 것은 분명한 사실이다.

베네수엘라는 이런 일반적 양상이 가장 첨예하게 나타난 나라 중 하나다. 차베스 집권을 가능케 하고 베네수엘라 사회를 급진화시킨 과정은 1989년 2월 27일 발발한 '카라카소' 항쟁에서 시작됐다. 신자유주의에 대한 분노의 폭발이었던 카라카소 항쟁은 베네수엘라 수도 카라카스에서 시작돼 전국의 도시 19곳으로 확산됐고 3월 5일까지 지속됐다. 항쟁의 도화선은 국제통화기금의 표준 구조조정 프로그램이었다. 그 프로그램 때문에 석유 가격이 하룻밤 새 2배로 뛰었다. 버스 정류장에 도착한 사람들은 버스 요금이 2배로 올랐다는 말을 들어야 했다. 학생들은 자신들의 교통카드가 무용지물이 됐다는 것을 알고 판자촌 빈민들, 노동자들과 함께 카라카스 도심의 버스 정류장을 점거했다. 시위·소요·약탈이 카라카스 전체로 들불처럼 번졌고, 그 소식이 전국으로 알려지자 베네수엘라 전역에서 시위·소요·약탈이 일어났다.

정부의 대응은 카라카스를 전쟁터로 만드는 것이었다. 그 이후의 탄압 과정에서 군인들이 빈민들에게 실탄을 발사해 수많은 사람들이 죽고 다쳤다. 정부는 287명이 사망했다고 발표했지만, 실제 사망자는 십중팔구 1500명 이상이었고 많은 시체들이 무더기로 암매장됐다.

카라카소는 베네수엘라 소수 특권층에게 충격을 줬다. 그들은 베네수엘라가 라틴아메리카에서 가장 안정된 나라 중 하나라고 생각했다. 그런 안정은 베네수엘라의 석유 자원 덕분이었다. 석유 매장량이 세계 7위인 베네수엘라는 세계 5위의 석유 수출국이다. 베네수

엘라는 18세기에 코코아와 담배를 수출했고 19세기에
는 커피를 수출했는데, 1925년부터는 석유가 베네수엘
라의 최대 수출 품목이 됐다. 그 이후 석유는 베네수
엘라 경제와 정치의 핵심이었다.

베네수엘라는 1958년 페레스 히메네스 독재 정권이
전복된 이후 카라카소가 일어날 때까지 정치적 안정
이 지속됐다. 양대 정당, 즉 사회민주주의 정당 민주행
동당AD과 기독교민주주의 정당 '정치·선거 독립 조직
위원회COPEI'가 베네수엘라 정치를 지배해 왔다. 1958
년에 그들은 푼토피호 협약을 체결해 다른 정치 세력
들, 특히 히메네스 독재 정권 전복에 기여한 좌파 세
력들을 정치 무대에서 배제했다. 그 협약에 따라 행
정부·군대·사법부의 노른자위 직책들은 양대 정당의
나눠 먹기 대상이 됐다. 경제정책은 양대 정당이 합
의한 대로 결정됐다. 두 정당은 또 베네수엘라 석유산
업에서 나오는 이윤을 나눠 먹었다. 민주행동당은 베
네수엘라 노총CTV을 계속 지배했고, 인구의 2퍼센트인
석유산업 종사자들에게 고임금을 보장해 정치적 안정
을 유지했다. 부유층은 약탈을 지속하기 위해서라면

풍요의 시기에 빈민에게 선심을 쓰고 사회 지출을 늘리는 것쯤은 치를 만한 대가라고 여겼다.

1974~1979년에 이 체제를 주도한 사람은 민주행동당의 카를로스 안드레스 페레스였다. 페레스 정부는 1976년에 석유산업을 국유화했다. 새로 국유화된 베네수엘라석유공사PDVSA는 "국가 안의 국가"처럼 운영되는 일종의 복마전이었다. 사기업 시절의 옛 경영진이 그대로 새 국유 회사의 경영진이 됐고, 베네수엘라의 소수 특권층은 석유로 벌어들인 돈을 훨씬 더 강력하게 통제했다.

1970년대 고유가 덕분에 국가는 사회 기반 시설과 공공사업에 막대한 돈을 쏟아부을 수 있었다. 이런 지출 덕분에 베네수엘라 사회의 외양은 변했지만, 경제는 여전히 석유 수출에 철저하게 의존하고 있었고 다른 제품들은 대부분 수입에 의존해야 했다. 1970년대 말에 유가가 하락하자 새로운 소득 원천이 발견됐다. 그것은 값싼 해외 차입이었다.

그러나 '호시절'은 오래갈 수 없었다. 외채가 늘고 유가가 하락하자 베네수엘라 국내총생산GDP은 1979년부터 1990년까지 20퍼센트 감소했다. PDVSA가 석유를 판매해 얻은 부를가 개인 통장에 은닉되거나 해외에 투자되는 방식으로 점차 해외로 빠져나갔다. 베네수엘라의 소수 특권층은 외국인 투자 덕분에 국가에 세금을 내지 않고도 석유 이윤을 계속 뽑아 올릴 수 있었다. 한편, 카라카스의 부유층 거주 지역에 호화 주택과 고층 건물이 계속 늘어나는 동안, 일자리를 찾아 수도와 다른 도시들로 몰려든 사람들 때문에 언덕배기의 판자촌도 계속 늘어났다. 그들은 함석과 콘크리트로 만든 허름한 판잣집에 거주하며, 실업자 대열에 합류하거나 지난 20년 동안 폭발적으로 증가한 비공식 부문으로 흡수됐다. 현재 베네수엘라의 비공식 부문은 전체 노동인구의 절반 이상을 차지한다. 비공식 노동자들은 임시직으로 일하거나 노점상을 하거나 다른 임시직 일자리를 구하면서 간신히 생계를 유지한다. 베네수엘라의 심각한 계급 분열은 다른 점에서도 드러난다. 판자촌 주민들은 대부분 메스티소(스페인계와 원주민의 혼혈인)인 반면, 부자들은 인구의 23퍼센트인 백인 출신이 압도적으로 많다.

페레스는 1970년대의 '호시절'로 돌아가자는 공약을 내세워 1989년에 대통령에 재선했다. 그러나 당선한 페레스는 "위대한 전환"을 발표하고, 카라카소의 직접적 원인이 된 국제통화기금 프로그램을 받아들였다. 그 때문에 1년 만에 극빈층이 2배로 늘었다. 빈민들이 고통에 신음하는 동안, 소수는 신자유주의로의 전환 덕분에 계속 번영을 누릴 수 있었다. 1981년부터 1997년까지 베네수엘라에서 가장 부유한 상위 10퍼센트가 국민소득에서 차지하는 몫이 22퍼센트에서 33퍼센트로 증가했다. 그것은 불평등이 세계에서 가장 크게 심각해진 사례 중 하나였다. 카라카소는 베네수엘라에서 전면적 계급투쟁이 다시 등장하는 계기가 됐고, 차베스 집권으로 가는 길을 닦았다. 비록 페레스의 신자유주의가 그 뒤 10년 동안 지속되고 옛 정당들과 연결된 지배자들도 1998년 차베스 당선 전까지 비틀거리며 그럭저럭 버틸 수 있었지만, 사실상 '푼토피호 체제'를 종식시키고 민주행동당과 '정치·선거 독립 조직위원회' 양대 정당을 모두 붕괴시킨 것은 카라카소였다고 말할 수 있다.

우고 차베스가 처음으로 베네수엘라인들의 주목을 끈 것은 1992년 2월 곤경에 처한 페레스 정부를 전복하기 위해 쿠데타를 감행했을 때였다. 차베스와 다른 급진파 장교들이 주도한 그 쿠데타는 베네수엘라의 석유 이윤에서 배제된 사람들의 폭넓은 지지를 받았다. 그러나 그 쿠데타는 군사적으로 실패했고, 차베스는 투옥됐다. 차베스는 TV에 잠깐 출연해 자신의 권력 장악 노력이 실패했다고 발표했다. 그는 국민들에게 이렇게 말했다. "불행히도, 우리 목표가 지금 당장은 실현되지 않았습니다. … 새로운 가능성이 다시 나타날 것이고, 베네수엘라는 분명히 더 나은 미래를 향해 나아갈 것입니다."[2] 차베스가 지휘하던 공수부대의 붉은 베레모와 "지금 당장"이라는 구호가 카라카스 판자촌에서 큰 인기를 끌었다.

차베스는 15년 동안 쿠데타 계획을 모의했다. 이 미래의 대통령은 1954년 카라카스에서 약 320킬로미터 떨어진 시골에서 교사 부부의 아들로 태어났다. 그는 17세에 군에 입대했고, 23세 때부터 군대 내에서 운동을 건설하기 시작했다. 차베스는 라틴아메리카 민족주의 군 장교들의 전통에서 영향을 받았다. 자국의 후진성과 부패에 좌절한 그들은 군사적 수단을 이용해 자국 정부를 현대화하려 했다. 파나마의 오마르 토리호스 장군, 페루의 후안 벨라스코알바라도, 아르헨티나의 후안 도밍고 페론 등이 그런 전통에 포함된다. 차베스는 군대 내에서 모의를 진척시키는 한편, 베네수엘라 민간 좌파와도 접촉했다(이들 중에는 쿠바 혁명에 고무된 일련의 게릴라 투쟁에 가담한 노련한 투사들도 포함돼 있었다). 카라카소는 군대와 민간 좌파 모두에게 뜻밖의 사태였다. 비록 그 반란 덕분에 차베스와 그의 동지들은 쿠데타를 감행할 때가 가까워지고 있음을 확신했지만 말이다. 차베스 쿠데타 후인 1992년 11월에 에르난 그루베르 제독이 주도한 비슷한 목적의 쿠데타가 또 한 번 발생했지만, 역시 실패했다.

소수 특권층은 카라카소 이후 두 차례 쿠데타 때문에 또다시 충격을 받았다. 80대의 전前 대통령 라파엘 칼데라가 1993년 대선에서 승리했다. 칼데라가 1992년 쿠데타 뒤 의회에서 차베스를 지지하는 듯한

발언을 한 덕분에 지지율이 크게 올랐다. '정치·선거 독립 조직위원회' 당은 선거운동 기간에 칼데라 지지를 거부했다. 그래서 칼데라는 50여 년 전에 스스로 만든 정당을 떠나 새로운 선거 연합을 독자적으로 만들어야 했다. 1958년 이후 민주행동당과 '정치·선거 독립 조직위원회'가 누려 온 권력 독점이 붕괴했다. 그 선거에서는 또 두 신생 정당, 즉 사회주의운동당MAS과 '급진적 대의CausaR'의 구실이 두드러졌다. 두 정당 모두 옛 공산주의 게릴라들이 주도해 만든 정당이었다. 사회주의운동당은 칼데라를 지지한 반면, '급진적 대의'는 독자 후보를 내세워 22퍼센트를 득표하는 놀라운 성과를 거뒀다. 차베스 당선 이후 '급진적 대의'와 사회주의운동당 둘 모두 분열해, 각 당의 당원들은 차베스 지지파와 야당 합류파로 갈라졌다.

전임자 페레스와 마찬가지로 집권에 성공한 칼데라 역시, 엄청난 고통의 원인이 된 신자유주의 정책들을 폐기하겠다는 공약을 어겼다. 그는 국제통화기금의 지원에 의존했고, 전면적 민영화 계획들을 새로 발표했다.

1994년 새 대통령 칼데라의 명령에 따라 차베스는 석방됐다. 대중의 지지가 늘고, 옛 정치 엘리트들이 몰락하고, 성장하는 민간 좌파와의 접촉이 강화되자 차베스는 선거 정치에 대한 깊은 불신을 점차 거둬들였다. 차베스와 지지자들은 1998년 대선과 총선에 출마하기 위해 제5공화국운동MVR을 출범시켰다. 제5공화국운동은 국민 전체의 발전과 번영을 약속하는 민족주의 강령을 중심으로 뭉친 광범한 연합이었다. 그이름이 시사하듯 제5공화국운동은 새로운 베네수엘라, 즉 제5공화국 창건을 약속했다. 제5공화국의 사상적 토대는 차베스의 영웅 시몬 볼리바르의 사상이었다. 선거가 가까워지자 사회주의운동당과 '급진적 대의' 같은 일부 좌파 정당들도 포괄하는 훨씬 더 광범한 조직, 즉 '애국의 축Polo Patriótico'이 결성됐다.

옛 질서의 정치적 파산이 분명히 드러난 것은 미스유니버스 출신의 이레네 사에스가 잠시 동안 차베스의 주요 경쟁자로 떠오른 때였다. 그녀의 주된 주장은 자신이 기성 정치인들과 다르다는 것이었다. 결국 민주행동당과 '정치·선거 독립 조직위원회'는 보수파 후보 엔리케 살라스 로메르를 지지했다. 마침내 차베스가 56퍼센트를 득표하며 여유 있게 승리했다. 차베스의 '애국의 축'은 하원 189석 중 70석, 상원 48석 중 18석을 확보했다. 차베스의 승리는, 나라의 자원을 약탈하고 신자유주의로의 전환을 주도한 낡은 정치 질서를 베네수엘라인 다수가 철저하게 불신하고 있음을 보여 줬다. 차베스의 주된 지지 기반은 빈민과 소외된 사람들이라는 사실이 선거운동 기간 내내 분명히 드러났다. 차베스의 선거 승리는 10년 전 카라카소를 불러일으킨 대중의 분노가 투표로 표출된 것이었다.

'볼리바르식 혁명'

베네수엘라는 시한폭탄이고 저는 그 폭탄을 제거하기 위해 선출됐습니다.
— 대통령 당선 직후 우고 차베스의 연설[3]

차베스의 초기 경제정책은 놀랍게도 온건했다. 차

베스는 대통령 취임 후 첫 연설에서 새 정부는 "국가 통제 정부도 신자유주의 정부도 아닐 것"이고 "국가가 절실히 필요하듯이 시장도 최대한 보장될 것"이라고 약속했다. 차베스는 심지어 칼데라 정부에서 민영화와 긴축재정을 주관한 재무 장관 마리차 이사기레를 유임시키기도 했다. 차베스는 나라의 자원을 약탈한 "역겨운 소수 지배자들"을 비난함으로써, 자신을 선출해 준 빈민들 사이에서 인기를 유지했다. 그러나 〈인터내셔널 헤럴드 트리뷴〉이 지적했듯이, "차베스 씨는 재계 인사들 앞에 정장을 입고 나타나 신중한 말투로 연설했다." 차베스가 전력·알루미늄·석유화학 산업의 민영화 계획을 중단시킨 것은 사실이지만, 차베스 정부는 외국인이나 내국인이 소유한 기업들을 몰수하지 않았고 특정 부문, 예컨대 광업 같은 부문에서는 외국인 투자를 장려하기도 했다. 한편, 경제 위기가 라틴아메리카 대부분 지역을 휩쓸고 국제 유가가 하락하자 대다수 베네수엘라인들의 상황은 더욱 나빠졌다.

차베스와 그 주변 인물들이 몰두한 주요 과제는 제

헌의회를 소집해 새 헌법을 제정하겠다는 오랜 약속을 실현하는 것이었다. 1999년 4월 국민투표에서 베네수엘라인의 88퍼센트가 새 헌법 초안을 지지했고, 이에 따라 7월에 실시된 제헌의회 선거에서 차베스가 내세운 후보들이 전체 131석 가운데 121석을 차지했다. 그러나 12월에 실시된 국민투표에서 새 헌법을 승인한 사람들은 71퍼센트로 감소했다. 이 '볼리바르식 헌법'이 승인되자, 모든 선출직 정치인들의 위임을 갱신하기 위해 2000년 7월에 새로운 선거가 실시됐다. 이번에 차베스는 59퍼센트를 득표해, 2위와의 격차를 21퍼센트 이상으로 늘렸다. 또, 새로 구성된 의회에서도 차베스 지지파가 확실한 다수파가 됐다. 사람들이 '볼리바르식 혁명'에 대해 끊임없이 열광한다는 것은 정치제도에 대한 지지율이 1998년 35퍼센트에서 2000년 55퍼센트로 상승한 데서도 나타났다(이것은 라틴아메리카 전역의 급진화 흐름에 반대하는 〈파이낸셜 타임스〉가 조사한 것이었다).

300개 이상의 새 헌법 조문이 적힌 푸른색 소책자가 베네수엘라의 모든 가정에 보내졌다. 그 헌법 책은 그 이후 투쟁의 모든 단계에서 상징적 구실을 했고, 차베스가 2001년 말에 출범시킨 주민자치 단체 '볼리바르 서클'은 새 헌법을 자세히 연구했다. 2002년 쿠데타 당시 차베스는 자신을 체포하는 사람들을 향해 주머니에서 꺼낸 헌법 책을 휘두르며 그들이 헌법을 위반하고 있다고 비난했다. 대통령궁 밖 거리에서 차베스 복귀를 요구한 수많은 사람들도 차베스의 행동을 따라 했다.

헌법 자체는 차베스가 베네수엘라 사회의 서로 다른 적대 계급들의 요구를 모두 만족시키려 한 시기의 모순들을 보여 준다. 헌법은 노동자들의 권리를 옹호하는 다양한 조항들을 포함하고 있고, 협력과 사회적 연대도 크게 부각한다. 그러나 자유기업과 시장의 구실을 옹호하는 조항들도 있다. 헌법 229조의 내용은 다음과 같다. "베네수엘라볼리바르공화국의 경제체제는 사회정의, 민주화, 효율성, 자유경쟁, 환경보호, 생산성과 연대의 원칙을 바탕으로 한다. … 국가는 민간의 창의성을 존중하고 국민경제의 조화로운 발전을 도모해야 한다."

아래로부터의 투쟁

트로츠키는 모든 혁명에는 반혁명이라는 채찍이 필요하다고 했는데, 정말 반혁명이 우리에게 강력한 채찍을 휘둘렀다. 그들은 경제적·사회적 사보타주와 언론의 사보타주, 테러, 폭탄, 폭력, 유혈 사태와 살인, 쿠데타, 제도적 조작, 국제적 압력을 이용해 베네수엘라를 비굴한 나라로 만들려 했다. … 그러나 베네수엘라 국민은 결코 굴복하지 않을 것임을 소수 지배자들에게 보여 줬다.

— 차베스, 2005년 1월[4]

차베스가 임기 첫 2년 동안 도입한 온건한 개혁조차 베네수엘라 소수 특권층은 받아들이려 하지 않았다. 그들의 분노가 끓어오른 것은 2001년 11월 제헌의회가 부여한 권한을 이용해 차베스가 49개의 새 법령을 대통령령으로 공포했을 때였다. 기존 지배자들은 특히 두 가지 법령에 격분했다. 첫째는 아주 제한적인 토지개혁이었다. 비록 베네수엘라가 라틴아메리카에서 도시화가 가장 진전된 나라지만(도시 외부에 거주하는 사람이 인구의 10퍼센트에 불과하다), 토지에는 엄청난 상징적 의미가 있었다. 영국 귀족 새뮤얼 베스티 경을 비롯한 극소수 지주들이 방대한 유휴지를 소유하고 있었는데, 차베스가 그중 일부를 경작자들에게 분배하겠다고 한 것이다.

부자들을 훨씬 더 분노하게 만든 것은 PDVSA를 규제하는 새 탄화수소법이었다. 그 법은 신규 사업체의 지분 51퍼센트를 국가가 소유하는 조건으로 외국 회사들의 합작 사업을 허용했다. 그러나 그 법은 PDVSA가 "국가 안의 국가"로서 일종의 복마전 구실을 하지 못하게 만든 것이기도 했다. 그 법에 따라, PDVSA의 거래는 공개 감사 대상이 됐고 정부가 PDVSA의 수익을 통제할 수 있게 됐다.

새 개혁 조처들에 자극받은 소수 특권층은 마침내 행동에 나섰다. 2001년 12월 10일 하루 '파업'이 벌어졌다. 그것은 차베스에 반대하는 일련의 행동들 가운데 첫 번째 행동이었다. 언론에서는 파업이라고 불렀지만, 사실상 일부 노조 지도자들의 지원을 받은 기업주들의 폐업, 즉 직장 폐쇄였다. 기업주들은 심지어 노동자들이 작업장을 떠나 반反차베스 시위에 참가하면 하루 일당을 지급하겠다고 약속하기도 했다. 12월 행동의 주역들은 기업주들의 단체인 상공회의소와 민주행동당 친화적이고 부패한 베네수엘라 노총 지도자들이었다.

주요 기업인들, 중간계급 소수 특권층, 가톨릭 주교들, 우익 장교들은 차베스 정부 전복 음모를 지지했다. 특히, 베네수엘라 공중파 방송을 지배하는 민간 방송국 네 곳의 지지가 중요했다.

[2002년] 4월이 되자, 반정부 세력들은 필요하다면 폭력적 수단을 동원해서라도 차베스를 전복하려 한다는 것이 분명해졌다. 4월 9일 새로운 "파업" 호소가 있었고, 4월 11일 '무기한 파업' 선언으로 반反차베스 쿠데타를 위한 무대가 마련됐다. 비록 노조 지도자들과 기업주들의 지지가 있었지만, 파업 호소에 대한 호응은 신통치 않았다. 운송·공공 부문과 기업체의 노동자들은 대부분 일을 계속했다. 반정부 세력들은 부유층을 거리로 동원해 긴장을 고조시키려 애썼다. 차베스 반대파와 지지파가 대통령궁 밖에서 충돌해 폭

력 사태가 발생하자 일부 군인들은 이를 구실로 대통령 퇴진을 요구했다. 4월 12일 새벽에 우익 군 장교들이 차베스를 감금했고, 상공회의소 회장 페드로 카르모나가 스스로 대통령이라고 선언했다. 그의 첫 조처는 차베스가 포고한 49개 대통령령의 효력을 정지시킨 것이었다.

대중의 반응, 특히 카라카스 판자촌 주민들과 비공식 부문 노동자들의 대응이 쿠데타를 좌절시킨 결정적 요인이었다. TV 보도와 달리 차베스가 사임하지 않았다는 소문이 나돌기 시작했다. 시위대가 카라카스 거리를 가득 채웠다. 카르모나와 그 일당이 군대와 경찰을 동원해 10여 년 전 카라카소 항쟁 당시의 학살을 되풀이할 수도 있는 상황에서 10만~50만 명으로 추산되는 군중이 위험을 무릅쓰고 거리로 뛰쳐나왔다. 차베스를 선출한 사람들이 대통령궁과 전국의 군부대 앞으로 쏟아져 나오자 쿠데타 주모자들은 자신감을 잃기 시작했다. 군 장성, 노총 관료, 카르모나가 허둥대며 자중지란에 빠지자, 차베스를 축출한 연합세력이 분열하기 시작했다. 여전히 차베스에 충성하던 대통령궁 경비대가 이제 권력이 거리의 사람들에게 있음을 깨닫고 총구를 쿠데타 주모자들에게 돌렸다. 4월 14일이 되자 차베스가 대통령궁으로 복귀했다. 옛 질서를 복원하려던 자들이 아래로부터의 계급투쟁 때문에 패퇴했다.

비록 쿠데타 음모를 꾸미고 실행한 것은 베네수엘라의 소수 특권층이었지만, 그 쿠데타는 미국 정부의 상당한 지지도 받았다. 늘 그렇듯이, [영국 노동당] 토니 블레어 정부의 라틴아메리카 담당자인 외무부 차관 데니스 맥셰인도 차베스를 "큰소리치기 좋아하는 포퓰리스트 데마고그[사람들의 감정을 자극해 정치적 지지를 얻으려 하는 거짓 선동가]"라고 말하며 잽싸게 쿠데타를 환영했다.

쿠데타에 대항하는 투쟁을 거치며 사람들이 급진화했다. 그러나 쿠데타가 실패한 직후 차베스가 보인 반응은 자신을 전복하려 한 자들과 화해를 추구한 것이었다. 대통령궁에 복귀한 차베스는 자신을 구하기 위해 모여든 사람들에게 이렇게 말했다. "집으로 돌아가 이번 사태를 반성합시다." 그는 또 종교 지도자, 사용자, 옛 정당들, 언론과 노조 지도자와의 대화를 호소했다.

쿠데타를 촉발한 경제 프로그램의 규모는 축소됐고, PDVSA의 옛 경영진이 복귀했다. 대법원이 사태의 본질을 쿠데타가 아니라 "권력 공백"이라고 선언하자, 쿠데타에 가담한 우익 군 장교들은 자유롭게 거리를 활보할 수 있게 됐다. 후퇴의 시기가 이어지자 기층 대중의 불만은 점차 고조됐다. 한편, 화해 운운하는 말에 자신감을 얻은 소수 특권층은 새로운 음모를 꾸미기 시작했다. 10월에 많은 퇴역 장성들이 군대가 나서서 정부를 전복하라고 호소했고, 12월 2일에 또다시 차베스 전복 기도가 시작됐다. 4월 쿠데타가 겨우 사흘 동안 이어졌던 반면, 두 번째 시도는 3개월 동안 지속됐다. 베네수엘라 자본가들은 새로운 직장 폐쇄를 조직해 전국의 산업을 마비시키려 했다. 베네수엘라 노총의 부패한 지도부는 또다시 사용자들을 지지했다. 그러나 많은 노조원들은 지도부가 호소한 협력에 격렬하게 반대했다. 쿠데타에 대항한 4월 투쟁에는 주로 비공식 부문의 노동자들이 참가했지만, 2003년

2월까지 지속된 직장 폐쇄에는 주로 조직 노동자들이 맞서 싸웠다.

직장 폐쇄가 시작되자 거의 즉시 차베스 방어 투쟁도 시작됐다. 카라카스에서는 부유한 동부 지역 상점들은 문을 닫았지만, 서부 빈민가 상점들은 영업을 계속했다. 베네수엘라 전역에서 버스·지하철 노동자들과 택시 기사들은 일을 계속했고, 일부 지역에서 대중교통 노동자들은 원활한 운행을 위해 위원회를 구성했다. 값싼 식품을 분배하기 위해 시장이 설립됐고, 학교도 다시 문을 열었다. 몇몇 경우에는 그런 시장과 학교를 지역사회가 통제했다. 노동자들은 폐쇄된 공장 문 앞에서 시위를 벌여 기업주가 공장을 재가동하도록 만들었다. 어떤 활동가는 이렇게 말했다. "'기업주가 공장 문을 닫으면, 노동자들이 공장을 접수해 통제할 것이다'라는 구호가 운동 안에서 큰 인기를 끌었다." 반차베스 시위대가 기자들에게 다음과 같이 말한 것을 보면, 휴업의 계급적 본질을 잘 알 수 있다. "몰골이 흉할수록 차베스 지지자일 가능성이 크다. 예컨대, 이빨도 없는 사람들 말이다." 인종과 계급이 밀접

하게 맞물린 나라이기 때문에, 피부색에 따라 차베스 지지 여부가 분명하게 나뉜 것이다.

가장 중요한 전투는 베네수엘라 재정 수입의 80퍼센트를 차지하는 석유산업에서 벌어졌다. 베네수엘라 석유 노동자 30만 명 가운데 "파업"에 참가한 노동자는 약 10분의 1에 불과했다. 그러나 PDVSA 경영진과 일부 주요 기술자들은 석유산업을 사실상 마비시킬 수 있었다. 차베스의 대응은 주로 군인들을 동원해 석유산업을 계속 가동하는 것이었다. 군대가 심각하게 분열해 있는 상황에서 이는 위험한 조처였다. 그러나 노동자들의 생각은 달랐다. 그들은 아래로부터 조직하기 시작했다. 많은 지역에서 성공적인 투쟁 덕분에 정부가 통제권을 회복했지만, 몇몇 경우에는 노동자들이 산업을 가동하면서 노동자 통제를 실현하기 시작했다. 엘 팔리토 정유공장에서는 노동자들이 공장 재가동에 성공하며 충돌이 벌어졌다. 석유 노동자들이 야구아, 카레네로, 푸에르토 라 크루스, 과티레의 공장들을 통제했다. 발렌시아 공단에서는 노동자들이 주유소를 장악하고 석유를 분배하기 시작했다.

시우다드 과야나의 금속 노동자들은 근처의 가스공장
으로 몰려가 시위를 벌이며 난방용 에너지로 쓸 가스
를 요구했다.

또다시 대중운동이 차베스 정부를 구했다. 그것도
이번에는 조직 노동계급이 대거 포함된 대중운동이었
다. 베네수엘라 노총 지도자들과 기층 조합원들의 분
열은 쉽게 봉합되지 않았다. 조합원들은 이미 베네수
엘라 노총 지도부와 무관하게 독자적으로 조직하기
시작했다. 이런 주도력은 나중에 새로운 노동조합 연
맹인 전국노조연합UNT 창립으로 이어졌다. 전국노조연
합 지도자인 올란도 치리노는 직장 폐쇄 당시의 사건
들을 이렇게 설명했다. "우리는 합법적 대통령을 무조
건 방어하고, 혁명적 과정을 지속하고, 쿠데타 주모자
들을 투옥시키기 위해 싸우기로 결심했다. 우리는 석
유산업에서의 사보타주에 맞서 싸울 수 있었다. 석유
노동자들은 경영진과 기업주들이 없어도 산업을 재가
동시킬 수 있었다. 이것은 혁명, 즉 계급 대 계급의 투
쟁이었다. 우리가 내린 결론은 새로운 노총을 건설해
야 한다는 것이었다. 그래서 성공적인 혁명적 투쟁 속

에서 전국노조연합이 탄생한 것이다."⁵

차베스는 2003년 2월 기업주들의 직장 폐쇄가 끝나자 이제 자신이 "공세를 재개하겠다"고 선언했다. 미국과 영국이 주도한 이라크 전쟁 때문에 유가가 치솟고, 직장 폐쇄 충격에서 벗어난 경제가 2003년 말에 회복세를 보이자, 베네수엘라 정부 금고에는 현금이 넘쳐났다. 기회의 창이 열렸다. 베네수엘라 지배계급은 아래로부터의 운동 때문에 혼란에 빠졌다. 그들을 후원하는 미국 정부는 이라크 수렁에 빠져 있었다. 이라크 침략 이후 점령에 반대하는 저항이 격화하자 [미국] 부시 정부는 차베스를 전복하기 위해 개입할 엄두를 내지 못했다. 직장 폐쇄 당시 미국 정부는 반反차베스 세력을 사실상 멀리했다. 이라크 전쟁을 앞둔 상황에서 미국 수입 석유의 15퍼센트를 공급하는 베네수엘라 정치 상황이 불안정해지는 것을 원하지 않았기 때문이다.

석유 수출 수익이 급증하자, 정부 지출도 증가했다. 국내총생산 대비 정부 지출 비중이 1999년 24퍼센트에서 2004년 34퍼센트로 증가했다. 추가 소득은 대부분 야심적인 사회복지 프로그램에 투입됐다. '미시온Misión'으로 알려진 그 프로그램들은 기본적 의료·교육·일자리를 제공하기 위한 것이었다. 판자촌에 사는 어린이 수만 명이 고등학교와 대학교 진학 기회를 얻었다. 시몬 볼리바르의 스승 이름을 따서 명명한 문맹 퇴치 프로그램 '미시온 로빈슨'에 등록한 사람이 첫해에만 100만 명이 넘었다. '미시온 바리오 아덴트로'에 따라 기초 의료를 제공하기 위해 고용된 쿠바 의사들은, 공식 통계에 따르면, 환자 1800만 명을 치료하는 놀라운 성과를 올렸다. '미시온 메르칼'은 국영 소매점 1만 4000개 이상을 통해 인구의 약 45퍼센트에게 값싼 식료품을 공급했다. 이런 '미시온'들은 진정한 개혁이고, 라틴아메리카에서 거의 보편적으로 추진되던 신자유주의 정책들과 뚜렷하게 대비된다.

이런 개혁에 대한 지지는 차베스 지지율 증가에도 반영됐다. 이것이 다시 시험대에 오른 것은 2004년 소수 특권층이 또다시 차베스를 전복하려 했을 때였다. 그들은 이번에는 합법적 수단을 이용해 차베스를 전복하려 했다. 볼리바르식 헌법은 야당이 유권자 20퍼센트의 서명을 제출하는 조건으로 대통령 '국민소환 투표'를 보장했다. 반정부 세력들은 대통령 소환을 요구하는 서명을 받기 시작했고, 서명의 합법성 여부를 둘러싼 몇 개월 간의 논란 끝에 2004년 8월 대통령 국민소환 투표가 실시됐다. 이것은 '볼리바르식 혁명'을 발전시키려 한 사람들이 선택한 투쟁이 결코 아니었다. 그럼에도 아래로부터의 조직화가 다시 한 번 성과를 냈고, 투표 결과는 차베스에 대한 압도적 지지로 나타났다. 등록 유권자 약 70퍼센트가 투표에 참가했고, 그중 58퍼센트가 차베스를 지지했다.

브라질의 급진 좌파 정당 사회주의와해방당P-SoL의 두 당원, 즉 루시아나 젠후와 호베르투 호바이나는 당시 국민투표를 참관한 뒤 〈소셜리스트 워커〉에 기고한 글에서 이렇게 썼다.

이라크에서의 영웅적 무장 저항과 유가 상승 때문에 미국은 [베네수엘라의] 국민투표에 도전할 처지도 아니었고, 자신들의 이익을 지키기 위해 거리를 가득 메울 태세가 결연한 사람들을 공격할 수도 없었다. 우익 반정부 세력들의 주된 목표는 혁명적 과정을 저지하고 자신들의 경제적 지배력을 유지하는 것이었다. … [그러나] 비록 차베스가 일부 반정부 세력과의 화해를 주장하고 대자본가 집단의 재산을 몰수하려는 의도를 밝히지도 않았지만, 그렇다고 해서 자신이 이룬 성과를 포기하려 하지도 않을 것이다.

정부는 지금 더 강력해졌다. 그리고 차베스는 변화가 계속되고 더한층 전진해야 한다고 요구하는 거리의 목소리를 듣고 있다. … 우리는 다음번 대결이 언제 일어날지 알 수 없다. 차베스가 얼마나 멀리까지 협상을 밀고 나갈 것인지 예측할 수도 없다. … 사람들은 참고 있다. 그러나 그들은 능동적으로 기다리고 있다. 그들은 조용하지만, 우익과 차베스 전복 기도 세력의 패배를 확고하게 굳힐 필요가 있다는 것도 알고 있다. 그뿐 아니라 정권 자체의 변화가 필요하다는 것도 알고 있다. … 카라카스 주변의 언덕에서 우리는 이런 질문을 던지는 활동가들을 만날 수 있었다. "지금이야말로 혁명 속의 혁명이 필요한 때가 아닌가?"[6]

차베스 전복 계획은 또 실패했고, 사태 전개 과정에 참가한 사람들은 더한층 급진화했다. 새로운 급진화는 차베스 자신의 연설에도 반영됐다. 국민투표 뒤에 차베스는 공공연하게 사회주의를 얘기하기 시작했다. 전국노조연합이 주최한 2005년 메이데이 집회에 참가한 100만 명 앞에서 차베스는 두 시간 동안 연설하며 이렇게 주장했다. "우리는 21세기의 새로운 사회주의를 건설해야 합니다."

전망과 과제

혁명은 수십 년 이상 걸리는 점진적 변화의 과정이 아니다. 또, 혁명은 하룻밤 새 일어나지도 않는다. 혁명은 심각한 사회적 위기의 시기에 가능해진다. 그런 위기의 시기에 옛 지배자들은 기존 방식으로 통치할 수 없게 되고 자신들의 지배력을 유지할 방법을 둘러싸고 심각하게 분열한다. 한편, 사회 하층민들은 더는 기존 방식으로 지배당하지 않으려 한다. 그런 상황에서는 계급투쟁으로 아래로부터 새로운 권력이 창출될 수 있다. 베네수엘라에서 일어난 사건들이 바로 그런 혁명적 과정이다. 차베스 당선은 무엇보다 1958년 이후 지속되다가 마침내 1989년 카라카소에서 파탄 난 기존 정치 구조의 붕괴를 반영하는 사건이었다. 1998년 당선 이후 차베스가 처음에 도입한 사소한 개혁 조처들은 베네수엘라의 자원을 마음대로 처분하고 지배할 '권리'의 상실을 두려워한 자들의 적대감을 촉발했다. 차베스를 전복하려는 그들의 노력 때문에 사회 하층민들이 떨쳐 일어났고 혁명적 과정이 급진화했다.

모름지기 혁명적 과정은 새로운 개인과 집단을 끌어들이고 그들이 스스로 운명을 좌우할 수 있는 독자적 힘과 능력이 있음을 조금씩 보여 주면서 앞으로 전진한다. 처음에 투쟁을 진전시킨 가장 결정적인 세력은 그 전까지는 정치 생활에서 누구보다 단절돼 있던 사람들이었다. 카라카스와 다른 도시들의 판자촌에 거주하는 비공식 부문 노동자들이 그 전형이다. 나중의 투쟁 단계들, 특히 2002~2003년 3개월 동안의 직장 폐쇄 때는 조직 노동자들이 대거 참가했다. 그들 가운데 다수는 부패한 노조 지도자들의 명령을 어기고 행동에 나섰다. 모든 투쟁 단계에서 투쟁에 참가한 사람들은 새로운 조직 형태와 새로운 투쟁 방식을 만들어 내야 했다.

그러나 '볼리바르식 혁명'은 근본적으로 모호하다. 투쟁이 계속되는 동안 한 가지 질문이 특히 날카롭게 제기될 것이다. 누가 혁명의 주체인가 하는 질문 말이다. 차베스의 정치는 자신(과 비슷한 목표를 가진 다른 사람들)이 (1992년에 차베스가 시도한) 쿠데타나 (1998년에 차베스가 당선한) 선거를 통해 권력을 장악해서 위로부터 개혁을 선사할 수 있다는 신념을 바탕으로 하고 있다. 2004년에 타리크 알리와 한 인터뷰에서 차베스는 이렇게 말했다.

저는 우리가 프롤레타리아 혁명의 시대에 살고 있다고 생각하지 않습니다. 그 모든 것은 수정돼야 합니다. 현실이 날마다 우리에게 그렇게 하라고 가르치고 있습니다. 오늘날 베네수엘라에서 우리의 목표가 사적 소유 폐지나 계급 없는 사회 건설입니까? 저는 그렇게 생각하지 않습니다. 그러나 그런 현실 때문에 제가 빈민, 즉 이 나라를 부유하게 만든 노동을 한 ─ 그런 노동은 일정 부분 노예 노동이라는 사실을 결코 잊어서는 안 됩니다 ─ 사람들을 전혀 도울 수 없을 것이라고 누군가 말한다면, 저는 이렇게 답하겠습니다. '우리는 생각이 다르군요.'[7]

그런 개혁들에 반대하는 것은 분명 어리석은 행동일 것이다. 그런 개혁 중 많은 것들이 기층 대중이 정부에 요구한 결과이기 때문에 더욱 그렇다. 그러나 위에서 선사한 개혁들은 다시 빼앗길 수 있고, 지금까지 고유가 때문에 그런 개혁들을 제공할 수 있었다. 만약 유가가 하락하거나 사회 하층민의 기대가 석유 자원만으로 충족시킬 수 있는 수준을 넘어선다면, 여전히 베네수엘라 자본가계급의 손으로 들어가는 이윤을 둘러싸고 투쟁이 벌어질 것이다. 그리고 '미시온'들이 비록 인상적인 것은 사실이지만, 베네수엘라의 심각한 계급 불평등을 종식시키지는 못했다. 그런 '미시온'들은 극빈층에게는 실제로 도움이 됐지만, 노동자들이 창출했으나 소수의 자본가 특권층이 지배하는 부를 되찾아 오지는 못했다.

차베스와 가까운 좌파 활동가로서 민중참여부에서 근무하는 마르타 하네커는 기자에게 이렇게 말했다. "지금 사적 소유를 공격하는 것이 무슨 의미가 있습니까? 그런 급진적 구호들은 실제 상황에 대한 분석과 별로 관계가 없습니다. … 빈곤을 제거하려면 무엇보다 생산적 고용을 창출할 필요가 있습니다."[8]

'민중'이나 '국민'에게 유익한 발전을 말하는 것은 지금까지 혁명적 과정을 진전시켜 온 계급 분열을 은폐할 수 있다. 혁명적 과정은 경제적·정치적 권력이 사회 하층민들에게 이양될 가능성과, 베네수엘라 전역에서 벌어지는 수많은 투쟁들과 창의적 행동들이 기존 질서에 대한 도전으로 발전할 가능성을 열어 놓았다. 그러나 '볼리바르식 혁명'은 혁명의 목표가 단지 신자유주의의 일부 폐해들을 바로잡는 것인가 아니면 자본주의 착취 체제 전체에 도전하는 것인가 하는 문제를 회피한다. 이것은 추상적 문제도 아니고 무기한 연기될 수 있는 문제도 아니다. 혁명적 변화가 계속되지 않는다면, 혁명적 과정에 반대하는 자들이 그들의 부와 권력, 조직을 이용해서 재결집하고 상황을 다시 통제하려 들 것이다.

혁명적 과정은 모두 투쟁의 자생적 폭발에서 시작한다. 그런 투쟁은 흔히 직접적 요구나 필요를 충족시키기 위한 투쟁이다. 예를 들어, 카라카스의 도화선이 된 물가 인상 반대 투쟁이나 2002년 4월 쿠데타에 대항한 투쟁이 그렇다. 그러나 어떤 혁명적 과정도 자생적으로 끝나지 않는다. 20세기의 역사는, 폭풍우를 피해 살아남은 옛 지배계급들이 자신들의 권력을 이용해 사회에 대한 지배력을 되찾으며 혁명적 과정이 끝나버린 사례들로 가득하다. 그 과정에서 그들은 자신들의 지배권에 잠시 도전한 사람들에게 끔찍한 보복을 가했다.

베네수엘라의 소수 자본가 특권층은 여전히 건재하다. 그들은 아직도 엄청나게 부유하고, 잘 조직돼 있고, 상당한 권력을 휘두르고 있다. 2002년 쿠데타를 지원한 기업주들의 단체 상공회의소도 여전히 존재한다. 거대 언론 매체들이 날마다 쏟아 내는 거짓말도 여전하다. 베네수엘라 민간 기업과 다국적기업도 여전히 자유롭게 활동하며 베네수엘라 노동자들의 땀에서 이윤을 쥐어짜내고 있다. 이 소수 자본가 특권층은 당분간은 숨을 죽이고 있겠지만, 그런 상황이 무기한 지속되지는 않을 것이다. 그리고 차베스는 대통령 당선 이후 헌법을 엄격하게 지켜 왔지만, 옛 지배계급은 2002년에 보여 줬듯이 결코 헌법의 틀 안에서 자제하지 않을 것이다.

지배계급은 단지 경제권력만을 갖고 있는 것이 아니다. 그들은 국가권력도 갖고 있다. 대통령·내각·의회 등 눈에 잘 보이는 국가기구들 배후에는, 차베스가 집권하기 훨씬 전부터 존재한 선출되지 않은 위계 구조들이 버티고 있다. 전 세계 지배계급은 모두 자신들의 지배를 실현하기 위해 공무원·사법부·군대·경찰 같은 기구들이 원활하게 기능하는 것에 의존한다. 이런 기구들은 현장에서 정책을 집행하기 위해 노동계급 출신들을 뽑아 쓸 필요가 있지만, 그런 구조의 최상층부는 소수 자본가 특권층과 결탁해 있다. 카라카스에서든 런던에서든 고위 장성·판사·공무원은 기업체 중역이나 거대 언론 소유주나 은행가와 똑같은 모임에 참석하고 똑같은 사회적 기능을 하고 똑같은 이해관계를 공유한다.

베네수엘라 국가기구는 아래로부터의 운동 때문에 혼란에 빠졌다. 주로 옛 기성 정당들이 임명한 사람들로 구성된 국가 관료 집단의 상이한 부문들은 서로 다른 방향을 지향하고 있다. 일부는 차베스가 내놓은 정책을 집행하려 하지만, 다른 일부는 그런 정책을 사보타주하려 한다. 2002년 4월 쿠데타를 지지한 군 장성들 일부는 전역했다. 그러나 많은 장교들은 판자촌 주민들과 사뭇 다른 삶을 살고, 차베스나 그 동맹 세력들을 경멸하는 소수 특권층의 사회적 압력을 받아들인다.

베네수엘라 국가는 지난 몇 년 동안의 사건들 때문에 분열했지만, 아직 분쇄되지는 않았다. 운동은 그런 국가기구가 개혁을 시행하도록 한동안 강요할 수 있었다. 그러나 국가에 의존해 근본적으로 사회를 변혁하려 하는 것은 치명적 실수가 될 것이다. 반자본주의 운동의 일각에서 주장하는 것과 달리, 국가를 무시하거나 국가 통제로부터 자유로운 공간을 창출하는 것은 불가능하다. 국가는 소수 자본가 특권층의 권력이 집중되고 집적된 것이다. 그들은 자신들이 착취하는 사람들이 자본주의적 통제에서 자유로운 세계를 건설하는 동안 잠자코 침묵하지 않을 것이다. 사회 하층민들이 국가권력을 분쇄하지 않는다면, 모든 단계에서 그 국가권력이 위험 요인으로 등장할 것이다.

헌법에 의존하는 것의 위험성은 1973년 칠레의 경험에서 분명히 드러난다. 1970년 살바도르 아옌데가 칠레 대통령이 됐다. 그가 속한 사회당은 그 직전 라틴 아메리카를 뒤흔든 중대한 투쟁 물결의 수혜자들 가운데 하나였다. 차베스와 마찬가지로 아옌데도 일부 산업의 국유화, 토지개혁, 사회 지출 증가를 주창했다. 1972년에 미국의 지원을 받은 지배계급의 주요 부문들이 '기업주 파업'을 조직했다. 그것은 2002년 말 베네수엘라에서 조직된 직장 폐쇄와 비슷했다. 노동자들은 그 '파업'에 대항하기 위해 '코르돈'이라는 독자적 조직들을 건설했다. 여러 작업장을 서로 연결해 주는 노동자 위원회인 코르돈은 아래로부터 생겨난 새로운 노동자 권력의 맹아였다. 1973년 6월 쿠데타 기도를 좌절시킨 것은 대규모 거리 시위였다. 그런 거리 시위 때문에 군대가 분열했고 지배계급은 후퇴해야 했다.

한동안 코르돈이 칠레 사회를 운영하는 완전히 다른 방식의 토대가 되는 듯했다. 그러나 아옌데의 사회당은 노동자들에게 코르돈 활동을 축소하라고, 그리고 헌법을 준수하는 군대에 의존하라고 설득했다. 아옌데는 서로 다른 사회 세력들을 화해시키는 방안의 일환으로 심지어 아우구스토 피노체트 장군을 내각에 끌어들이기도 했다. 한숨 돌린 지배계급은 다시 조직화에 나섰고, 1973년 9월 피노체트가 쿠데타를 성공시켜 독재 정권을 수립하고 아옌데와 수많은 노동자들을 학살했다.

칠레의 경험은 혁명적 과정의 잠재적 위험들을 분명히 보여 줄 뿐 아니라 노동자들이 코르돈 같은 조직들을 이용해 어떻게 사회를 통제할 수 있는지도 보여 준다. 코르돈처럼 민주주의와 노동자 투쟁의 힘을 표현하는 기구들은 20세기의 혁명적 상황에서 거듭 나타났다. 1979년 이란 혁명 때는 '쇼라'라는 조직이 등장했고, 1905년과 1917년 러시아 혁명 때는 소비에트가 등장했다. 볼리비아에서는 2005년 6월 민중 항쟁 때 주민자치의회들이 등장해 안데스 산지의 원주민 지역사회 전통과 혁명적 노동조합주의 전통을 결합시켰다. 그런 기구들이 서로 연결된다면, 자본주의 국가의 권력과 조직에 도전할 수 있는 대안적 노동자 권력을 형성하기 시작할 수 있다. 그런 기구들은 '이중 권력' 상황을 만들어 낼 수 있다. 그런 상황에서는 잠시 동안 노동자 권력이 기존 사회 통치 기구들과 나란히 존재할 것이다. 만약 기존 국가가 분쇄된다면 아래로부터 건설된 이 새로운 민주주의가 사회주의 사회의 토대를 구성할 수 있을 것이다.

베네수엘라 노동자들은 1973년의 칠레와 견줄 만한 계급투쟁 수준을 아직 경험하지 못했고, 노동자 위원회들도 대규모로 건설되지 않았다. 그러나 직장 폐쇄 기간과 그 뒤의 경제적 혼란기에 문 닫은 공장들을 접수한 노동자들의 경험은 가능성을 보여 준다. 혁명가들이 지도부에 일부 포함된 전국노조연합은 그런 투쟁들 속에서 등장했다. 전국노조연합은 2003년 4월 이후 빠르게 성장했다. 베네수엘라 정부 통계들을 보면, 공공 부문에서 체결된 새 단체협약의 4분의 3과 민간 부문에서 체결된 새 단체협약의 절반이 전국노조연합 산하 노조들과 체결된 것이다. 오늘날 몇몇 주요 작업장의 노동자들은 '공동 경영'을 하고 있고, 전국노조연합의 일부 노동자들은 완벽한 노동자 통제를 위해 애쓰고 있다. 카라카스에 거주하는 마르크스주의 저술가 마이클 레보위츠는 〈소셜리스트 워커〉와의 인터뷰에서, 그런 식으로 운영되는 공장들이 아직 소수이긴 하지만 그럼에도 가능성을 보여 준다고 말했다.

인베팔 제지공장, 인베발 밸브공장, 인베텍스 섬유공장이 있다. 노동자 협동조합과 국가가 이 세 공장의 지분을 각각 분할 소유하고 있다. 이것은 노동자들이 재가동을 요구하는 다른 공장들에도 적용될 수 있는 하나의 모델이다. 그리고 국영 부문에는 흥미로운 사례들이 두 건 있는데, 그것은 서로 다른 가능성을 보여 준다.
하나는 유명한 알카사 알루미늄 공장이다. 이 공장의 공동 경영을 주도한 쪽은 노동자들이 아니라 기간산업을 담당하는 새 장관이었다. 노동자들은 알카사 공장에 대한 자신들의 부분적 통제력에 그저 감탄하고 있다. 그러나 진정한 문제들이 있다. 공장의 작업 환경이 안전하지 않고, 부패의 전통도 여전하다. … 알카사 옆에 있는 또 다른 알루미늄 공장은 공동 경영 방식으로 운영되지는 않지만 훨씬 더 효율적이다.

국영 부문의 다른 흥미로운 사례는 전력 공급 서비스다. 노동자들은 제대로 가동되지 않고 있던 전력 공급 회사를 자신들이 더 잘 운영할 수 있을 거라고 생각했다. 그 회사 지점 가운데 안데스 지역의 카델라에 있는 지점은 그런 견해가 가장 강력하게 표명된 곳으로, 아주 잘 운영되고 있다. 그러나 중요한 카다페 지점은 그리 잘 운영되지 않는다. 그 회사를 운영하는 문제나 전략적 산업들을 노동자들이 통제해야 하는지 아닌지를 둘러싸고 노동자들과 기업주들 사이에 투쟁이 벌어졌다.[9]

현재 가동이 중단된 다른 많은 공장들에서도 공동 경영이나 노동자 통제를 둘러싼 투쟁들이 혁명적 과정의 발전에서 중요한 구실을 할 가능성이 크다. 베네수엘라 사회를 변혁하기 위해서는 노동자 통제가 PDVSA로까지 확대돼야 할 것이다. 석유산업 노동자들은 2002~2003년 직장 폐쇄 반대 투쟁 당시 자신들의 힘과 주도력을 보여 줬다. 그러나 정부는 재빨리 통제력을 회복한 뒤, "전략적 산업들"에 대한 공동 경영이 필요하다는 생각이 노동자들 사이에서 확산되지 못하도록 막았다.

차베스 정부는 또 조직 노동자 집단들, 예를 들어 임금과 노동조건을 둘러싸고 독자적인 요구를 내건 공공 부문 노동자들과 충돌하기도 했다. 일부 차베스 지지자들은 이런 조직 노동자들과 훨씬 더 가난한 비공식 부문 노동자들을 대비시킨다. 그러나 이른바 "특권적" 조직 노동자들이 누릴 수 있는 생활은 그들의 노동을 착취하는 진짜 소수 특권층의 생활과 완전히 다르다. 2002~2003년 기업주들의 직장 폐쇄 당시의 노동자 운동을 보면 사회를 나누는 핵심 단층이 어떻게 형성돼 있는지 알 수 있다. 잘 조직된 노동계급 부문들이 덜 조직된 다른 부문들과 연계할 수 있는 능력이, 아래로부터의 새로운 권력을 건설하고 더 광범한 운동의 힘을 결집하는 데 결정적으로 중요할 것이다.

'볼리바르식 혁명'의 모호함은 국제 무대에서 훨씬

더 분명하게 드러난다. 많은 사람들은 베네수엘라에서 차베스가 당선한 것을 브라질·아르헨티나·에콰도르·우루과이의 정부들과 2005년 12월 볼리비아의 에보 모랄레스 당선 등 라틴아메리카 전역의 좌파 정부 집권 흐름의 일부라고 여겼다. 차베스의 목표 가운데 하나는 라틴아메리카를 더 크게 통합하는 것이다. 차베스는 자신의 영웅 시몬 볼리바르의 이상을 추구하고 있다. 볼리바르는 라틴아메리카 대륙에서 스페인 군대를 쫓아내고 통일된 라틴아메리카 국가를 건설하려 했다.

그러나 라틴아메리카 '좌파 정부'들의 성과는 저마다 다르다. 베네수엘라에서는 진지한 개혁들이 실시된 반면, 루이스 이나시우 룰라 다시우바(룰라로 알려진)가 이끄는 브라질 정부의 경험도 있다. 전투적인 금속 노조 지도자 출신으로 노동자당PT 창립 회원인 룰라가 2002년 브라질 대통령 선거에서 당선했을 때, 인구의 5분의 1이 하루 2달러 미만으로 생활하는 나라에 룰라가 극적 변화를 가져다줄 것이라는 기대가 높았다. 그러나 대통령에 취임한 룰라는 철저한 정설 [신자유주의] 경제정책들을 추구했고, 어떤 점에서는 전임자보다 훨씬 더 엄격한 정책들을 추구했다. 그는 국제통화기금과의 협정에 기꺼이 서명했고, 불평등을 심화하는 정책들을 추진했다. 노동자당은 다른 정당들과 수상적은 협약을 맺었고, 부패한 브라질 정부 체계에 통합되면서 스캔들에 시달렸다. 새 '좌파 정부'들 사이의 차이는 반자본주의 운동의 많은 사람들에게 분명해졌다. 2005년 세계사회포럼에서 차베스는 브라질 정부 대표와 나란히 연설했다. 많은 청중이 "룰라 노, 차베스 예스"를 연호하기 시작했다. 그러나 차베스는 룰라나 룰라와 비슷한 노선을 추구하는 우루과이·아르헨티나의 '좌파' 지도자들과 긴밀한 관계를 유지했다. 쿠바 지도자 피델 카스트로는 '좌파' 정부들의 지역 블록 결성을 강력하게 주장했다.

라틴아메리카의 새 정부들은 이따금 미국의 지배력에 대항했다. "양키 제국주의"를 비난하는 것은 항상 사람들로 하여금 국내의 불평등을 주목하지 못하게 하는 유용한 방식이었다. 그러나 그런 [반제국주의] 주장은 일부 자본가들의 이해관계를 반영하는 것이기도

하다. 예를 들어, 브라질의 거대 농업 자본가들은 세계 자본주의 체제 안에서 자신들의 입지를 강화하려 한다.

'좌파 정부'들의 단결은 때때로 기층 운동과 정면으로 충돌할 수 있다. 차베스가 추구하는 외교정책의 핵심은 라틴아메리카의 다양한 석유·가스 기업들의 통합을 강화하는 것이다. 그러나 이런 기업들, 특히 브라질 국영 석유기업 페트로브라스Petrobras와 스페인·아르헨티나 합작기업 렙솔Repsol YPF은 미국이나 영국의 다국적기업들과 손잡고 볼리비아의 석유·가스 자원을 약탈하려 한다.

가스 국유화 요구는 2005년 6월 볼리비아 대통령을 쫓아낸 대중운동의 핵심 요구 가운데 하나였다. 그 운동에 참가한 사람들이 원하는 것은 볼리비아의 자원이 다국적기업들에 약탈당하는 것이 아니라 베네수엘라 빈곤 퇴치 프로그램과 비슷한 사업들에 이용되는 것이다. 사실, 다이너마이트로 무장한 광원들이 거리에서 노동자·농민·원주민 단체들과 함께 투쟁한 볼리비아의 운동은 베네수엘라에서 진행되는 혁명적 과정의 최상의 측면들이 어떻게 국제화할 수 있는지 보여 준다. 2003년과 2005년 볼리비아에서 일어난 두 차례 투쟁 물결은 국가와 지배계급에 혁명적으로 도전할 수 있는 모종의 노동자 권력 기관들을 전면에 부각시켰다. 미국의 직접적 개입을 훨씬 더 어렵게 만드는 이라크에서의 저항이 그런 운동들과 결합돼, 베네수엘라 '사회주의' 혁명이 다른 라틴아메리카 나라들로 확산될 수 있는 가능성을 만들어 내고 있다.

국제 좌파들은 베네수엘라 상황을 어떻게 이해해야 하는가? 한 가지는 아주 분명하다. 우익 소수 특권층이 차베스를 전복하는 것은 운동에 재앙이 될 것이라는 사실이다. 영국의 사회주의자들이 차베스를 어떻게 이해하든지 간에 그들은 영국 정부나 미국이 베네수엘라 소수 특권층을 지원하는 것에 무조건 반대해야 한다. 그러나 좌파는 사태 전개 과정에 대해 토론하고, 베네수엘라 안에서 이미 벌어지고 있는 논쟁들에 함께할 의무도 있다.

한 가지 중요한 논쟁은 정치조직에 대한 논쟁이다. 차베스와 연계된 정당들은 혁명을 심화하는 수단이

될 수 없다. 차베스의 제5공화국운동은 의회를 중심으로 결성된 정당이고, 기성 정당 출신의 기회주의자들이 권력을 좇는 해바라기처럼 제5공화국운동으로 대거 몰려들었다. 차베스가 결성한 '볼리바르 서클'은 근본적으로 위에서 내린 결정들을 집행하는 상명하달식 기구다. 지방선거에 출마할 친親차베스 후보들을 위에서 선택해야 한다고 생각하는 사람들과 그들이 아래에서 선출돼야 한다고 생각하는 사람들 사이에 이미 여러 차례 충돌이 있었다.

신생 노동조합 연맹 전국노조연합의 일부 사람들과 판자촌의 조직가들은 정부의 주장과 무관하게 행동하는 독자적 정치조직을 건설할 필요가 있다는 것을 분명히 깨달았다. 혁명의 심화를 바라는 사람들이 서로 단결하고 자신들의 조직을 더 광범한 운동과 연결시킬 수 있는 능력이 앞으로 몇 달 동안 결정적으로 중요할 것이다.

모든 혁명적 과정은 불균등하다. 노동계급의 서로 다른 부문들은 서로 다른 결론을 내리고, 급진화하는 속도도 서로 다르며, 경험도 서로 다르다. 전략과 전술을 둘러싼 견해 차이와 논쟁도 있다. 노동계급 가운데 정치적으로 가장 선진적인 부문은 공장을 접수하고, 공장위원회나 지역위원회를 설립해서 운동을 조정하고, 일반 병사들을 설득해서 우리편으로 만들어야 한다는 것을 이미 깨닫고 있을지 모른다. 그러나 더 광범한 세력들에게 이런 전략을 설득하기 위해서는 혁명적 과정에 참가하는 가장 선진적인 인자들이 먼저 혁명적 정당이라는 하나의 조직으로 단결해서 다른 사람들을 자신들 주변으로 끌어당길 수 있는 도구와 주장으로 스스로 무장해야 한다.

그런 조직은 지도자를 자처하며 뒷전에 앉아서 즉각적 무장봉기를 추상적으로 호소하는 사람들의 조직이어서는 안 된다. 그것은 혁명적 과정 안에서 활동하면서, 사뭇 다른 모델에 따라 운영되는 베네수엘라 사회가 사회 전체의 부를 생산하는 사람들이 그 부를 소유하고 통제하는 사회로 나아가야 한다고 설파하는 조직이어야 한다. 그리고 그런 조직은 사회 하층민들이 단결해서 스스로 투쟁을 조정할 수 있게 하는 전략을 제시해야 한다. 오직 그런 조직을 통해서만 혁명의 지지자들은 잘 조직된 지배계급과 국가기구의 중앙집권적 권력에 대항할 수 있다. 앞으로 '21세기 사회주의'라는 꿈을 현실로 만드는 데서 그런 조직들이 결정적으로 중요할 것이다.

3장
차베스 이후 베네수엘라는 어디로?

    심각한 경제적·정치적·제도적 위기가 베네수엘라를 휩쓸고 있다. 베네수엘라 경제는 주로 국제 유가 급락으로 야기된 깊은 불황에 시달리고 있다(석유 수출은 베네수엘라 전체 수출 수익의 약 95퍼센트를 차지한다). 2013년에 사망한 고故 우고 차베스의 후임 니콜라스 마두로 정부는 그칠 줄 모르는 폭력적 반정부 운동에 직면해 있는데, 베네수엘라 우파가 이 운동을 주도하고 세계 언론과 [서방] 제국주의 국가들이 적극

원문: Andy Brown, "Where is Venezuela going?", *International Socialism* 156(October 2017). 김준효 옮김.

후원하고 있다. 차베스 집권기에 엄청난 흥분과 희망을 불러일으켰던 대중운동은 적어도 수세에 몰려 있고 최악의 경우 쇠퇴한 듯하다. 경제적·정치적 해법을 찾지 못한 채 마두로 정부는 악순환에 빠져 있고, 노동 대중은 끔찍한 궁핍 상태로 고통받고 있다. 도널드 트럼프 정부, 베네수엘라 우파, 이들을 지지하는 오만한 무리들은 라틴아메리카에서 '21세기 사회주의' 프로젝트의 최종 실패를 선언할 순간만을 호시탐탐 기다리고 있다. 이 글은 현재 상황을 맥락 속에서 살펴보고, 베네수엘라에서 무슨 일이 있었는지 분석하며, 혁명적 사회주의자들이 현 상황에 어떻게 대응해야 할지를 다루고자 한다.[1]

21세기 초 라틴아메리카에서는 신자유주의가 위기에 직면하면서 대중운동이 고무적으로 분출했다.[2] 한동안 라틴아메리카는 전 세계에서 신자유주의에 맞선 전투의 핵심 전장이었다. 여러 나라에서 노동자, 농민, 무토지 농업 노동자, 원주민 단체들이 워싱턴 컨센서스에 도전했다.[3] 이 때문에 몇몇 나라에서 어느 정도 좌파적인 정부들이 집권했는데, 이 과정은 훗날 "핑크 물결"이라고 불리게 됐다. "핑크 물결"에 속한 정부들의 성격은, 온건 사회민주주의 정부나 사실상 제2의 신자유주의 정부부터 꽤나 급진적인(최소한 애초 공약이나 수사에서는) 정부들까지 매우 다양했다. 볼리비아의 에보 모랄레스 정부, 에콰도르의 라파엘 코레아 정부, 무엇보다 1998년에 집권한 베네수엘라의 차베스 정부가 가장 중요했다.

"핑크 물결" 정부들은 국제 원자재 호황에 크게 기대고 있었는데, 이는 주로 중국 경제에서 원자재 수요가 증대한 것 때문이었다. 남미에서 이 원자재들은 석유·천연가스·광물자원·농산물이었다. 이 덕분에 라틴아메리카 좌파 정부들은 상품 생산에서 증대된 수익, 해외직접투자, 외환 보유고를 이용해 재분배·복지 정책에 투자할 수 있었다. 이런 정책들은 빈민에게 실질적인 물질적 혜택을 제공했고 사회 불평등을 완화했다. 우루과이 경제학자 에두아르도 구디나스는 이를 "보상報償 국가"라고 부른다.[4] 그런 와중에도 다국적 기업과 국내 기업 모두 수익을 누릴 수 있었다. 보상 국가는 사적 소유권이나 자본축적의 동학에 도전하지 않았다. 데이비드 하비가 지적했듯, 이렇게 자원 추출에 기반한 경제 모델은 그 보상적 성격과는 상반되게도 "탈취에 의한 축적"을 뜻했고,[5] 국가는 때로 자본을 대변해 억압적 구실을 하거나 원주민 공동체를 공격하고 모욕했다.

그런데 경제 상황이 변했다.[6] 2007~2008년부터 시작된 세계적 불황이 남미에 서서히 영향을 미치기 시작했는데, 2012년에 이르면 긴축정책 도입의 필요성이 심각하게 제기되고 있었다. 수출 수익이 줄어들고, (특히 광업에 대한) 해외직접투자도 동반 하락했다. 무엇보다 유가를 비롯해 광물과 농산물 등 원자재 가격이 큰 폭으로 하락했다. 좌파 정부들은 계급에 기반을 둔 결정을 내리기 시작했는데, 가장 큰 타격을 입은 것은 부유층이 아니라 빈곤층이었다. 동시에, 우파는 의회 안팎에서 공세에 나섰다. 좌파 정부로부터 득을 보고 좌파 정부를 지키기 위해 조직됐던 많은 대중운동이 긴축정책으로 타격을 입고 소외됐다.

이 말이 곧 [좌파 정부들이] 전부 끝장났고 우파 정부로의 회귀가 불가피하다는 뜻은 아니다. 상황은 유동적이고 좌파와 대중운동은 자본의 요구에 순순히 굴복하지 않을 것이다. 그럼에도 "핑크 물결" 정부들이 극심한 압박을 받고 있을 뿐 아니라 위기를 겪고 있다는 점은 의심의 여지 없는 사실이다.

역동적 사회운동과 좌파 정부 사이의 관계는 언제나 이중적이었다. "핑크 물결" 정부의 선거 승리는 대중투쟁 수위가 높은 것의 반영이었지만, 좌파 정부의 집권이 대중투쟁을 구현하는 것은 아니었다. 21세기 초, 의회정치로의 전환이 대중운동을 가라앉히는 경향을 보이면서, 제프리 웨버가 말한 "전략적 지평의 온건화"[7] 현상이 나타났다. 원자재 호황 때는 좌파 정부들의 지지율이 높았지만 이제는 떨어지고 있다.[8] 이것은 무엇보다 경제 상황이 악화한 결과지만, 좌파 정부들이 노동계급과 빈민, 특히 볼리비아·에콰도르·베네수엘라에서 원자재 추출 체제에 저항하는 원주민들을 상대로 反민중적·억압적 정책을 편 것에 대한 반응이기도 하다.[9]

몇몇 논평자들은 안토니오 그람시의 수동 혁명 개념을 이론적 준거틀로 삼아 이런 개혁, 재분배, 투쟁

억제, 계급 보수성의 과정을 분석해 왔다. 이런 모델에 따르면, 자본주의는 혁명적·체제전복적 경향과 보수적·체제회복적 경향이 상호작용해 기존 자본주의 질서를 재편하는 것으로 나아간다.[10] 기존 질서는 온전히 복원되지도, 혁명적으로 바뀌지도 않는다. 애덤 데이비드 모턴은 이런 모델에서 "혁명적 정치 변혁이 보수적 체제 복원 프로젝트로 변질된다"고 말한다.[11]

이탈리아계 멕시코인 마르크스주의 분석가 마시모 모도네시는 이런 개념을 이용해 "핑크 물결" 정부를 일반적으로 묘사하는 다섯 가지 특징을 꼽았다.

■ 이 정부들은 대규모 사회 개혁과 본질상 신자유주의적 틀에 기초한 신중한 보수성 사이를 오가는 발전 모델을 촉진한다.

■ 변화의 주체는 위로부터 지배계급 일부와 국가지만, 때로 신자유주의에 맞서 부상한 민중 세력 일부를 포함한다. 변화의 한계는 부르주아 국가와 법에 따라 엄격하게 결정된다.

■ 대중운동은 국가기구를 장악한 보수적 세력과

그들의 정치 프로젝트에 의해 흡수되거나 때로는 탄압을 받았다. 이것은 흔히 후견주의적 재분배 합의를 통해 이뤄졌다.

■ 정부 권력을 장악한 새로운 정치 집단은 대중 동원을 해제하고 가라앉혀 대중운동에 대한 통제력을 훨씬 더 키웠다.

■ 카리스마 있는 지도자에 대한 의존 때문에 수동혁명의 유화적·위임적 측면이 흔히 강화됐다.[12]

볼리비아 정부에 대한 좌파적 비판을 주도하는 루이스 타피아는 비슷한 틀을 적용해 특히 모랄레스 정부를 분석했다.[13] 제프리 웨버는 이를 압축적으로 다음과 같이 요약했다.

이는 라틴아메리카 국가들에서 좌파 정부들이 집권해 시행한 일련의 중요하지만 철저하게 제한된 구조적 변화들을 온전히 망라한다. 그러나 이런 구조적 변화들은 보수적 함의를 띠었고 시간이 흐르면서 점차 위로부터 촉진됐으며, 아래로부터 하층민들의 정치적 실천을 중단시키고 부차화하는 것에 의존하게 됐다. 이런 과정 때문에 금세기 초 의회정치 바깥의 항쟁 속에서 발전하고 단련됐던 대중조직, 참여, 주동자의 연계가 완전히 빈 껍데기가 됐다.[14]

그러나 수동혁명 개념을 이렇게 사용하는 것은 이론의 여지가 있다. 알렉스 캘리니코스는 (수동혁명 개념을 사용하려는 초기 시도들에 관해) "국제 정치경제를 다룬 최근 저작들이 수동혁명 개념을 지나치게 확장하고 있다"고 지적했다. 캘리니코스는, 그람시 자신의 저작들과 그 저작들을 20~21세기의 정치적 변화에 적용하려는 여러 시도들에서 "오늘날 수동혁명 개념은 지나치게 확장돼 그 의미가 사라질 지경에 이르렀다"고 주장했다.[15]

웨버는, 위와 같은 모델이 자본주의 축적 패턴을 충분히 감안하지 않는다고 지적한다. 정치적·이데올로기적 상부구조에 너무 많이 집중하고 경제적 토대에는 충분히 관심을 기울이지 않는다는 것이다. 웨버는 정치적 사태 발전을 "자본축적이라는 절대적 필요"와의 관계 속에서 가장 잘 이해할 수 있다고 주장하면서, 자본주의 축적이 어떻게 발전했는지(혹은 발전하지 않았는지)와 "핑크 물결" 정부(특히 볼리비아) 집권기의 계급 형성에 착목한다. 웨버는 면밀하고 포괄적인 연구에서[16] 추출에 기반한 분배, 산업의 다각화와 노동시장을 검토한 뒤에 "심상치 않은 새로운 형태의 계급 통치와 지배가 과소평가되거나 아예 무시되기 십상이었음"을 발견했다.

이제, 이런 일반론적 분석에 베네수엘라 사례가 어떻게 들어맞는지, 마두로 정부가 처해 있는 심각한 위기를 어떻게 이해할 수 있을지 살펴보자. 먼저 지적할 점은, 베네수엘라에서 부의 재분배가 이뤄질 때 매우 높은 수준의 대중적 자의식과 운동 그리고 우파의 격렬한 반대가 동반됐다는 것이다. 특히 주된 전투가 세 번 있었다. 그 첫 번째 사례는 2002년 차베스에 맞선 쿠데타 시도가 수도 카라카스 빈민 대중의 거리 항쟁으로 좌절된 것이다. 두 번째는 2003년에 자본가들과 부패한 노동조합 관료들이 석유산업 직장 폐쇄를 단행하자 기층의 석유 노동자들과 노동계급 동맹들이 이를 좌절시킨 사례다. 셋째는 2004년 차베스 탄핵 국민소환 투표 당시, 전투적 대중운동이 차베스에게 명백히 민주적인 권한을 부여함으로써 또다시 우파의 시도를 좌절시킨 것이다. 이 사례들은 '볼리바르식 혁명'이 최고조에 이른 시기로, 당시 여러 부문의 노동계급이 일제히 투쟁에 나서 우파와 사장들을 저지했다.[17]

또, 이 사례들은 맹아적 형태의 민중 권력과 진정한 참여의 영역에서 창발적 대응이 최고조에 이른 시기이기도 했다. 예컨대 활동가들의 '볼리바르 서클', 협동조합과 지역의회의 등장,[18] 독립 노동조합 연맹인 전국노조연합 결성, 철강 기업 시도르를 비롯한 몇몇 산업부문에서 벌어진 노동자 통제에 대한 토론 등이 그 사례다.[19] 그러나, 이런 참여 기구들은 점차 '볼리바르식' 국가기구에 통합돼 손상되고 변질됐으며 변화를 가져올 진정한 동력을 상실했다.

차베스가 2006년에 창당하고 베네수엘라의 거의 모든 혁명가들이 입당한 베네수엘라통합사회주의당 PSUV은, 노동계급이 "자신의" 정부에 대중적으로 개입하고 아래로부터 영향력을 행사하는 정당이 결코 되지 못했다.[20] 통합사회주의당은 창당 이래 줄곧 선거 운동을 확고하게 중심에 둔 정당이었다(차베스는 무려 14번의 선거에서 승리를 거뒀고, 그중 13번은 압승을 거뒀다). 또, 통합사회주의당은 자본주의 국가와 별개로 그것에 대적하는 대안적 노동자 권력기관(들)이라는 의미에서 이중권력을 제안한 적도 없다. 몇몇 사람들은 그것이 [당내] 기층에서 줄곧 쟁점이 됐다고 주장하지만 말이다.[21] 오히려, 쿠바 공산당을 본떠 만들어진 이 당은 계획과 명령을 하달하는 전달 벨트가 됐고, 소수 인물을 기층에서 승진·퇴출시키는 수단으로 기능했다.

['볼리바르식 혁명'으로] 베네수엘라 빈민의 삶은 현금소득, 교육·의료 여건, 문맹률, 주거, 더 안정적이고 좋은 일자리 등의 영역에서 실질적으로 개선됐다. 그러나 국제 유가가 하락하면서, 빈민의 생활수준 개선과 [민간] 기업주의 수익성 보장이 이제는 양립 불가능하다는 점이 분명해졌다. 물가 인상은 사실상 통제 불능 상태다. 2016년에 베네수엘라 중앙은행은 물가 상승률을 274퍼센트로 추산했는데, 비정부 조사 기관인

에코아날리티카는 525퍼센트라고 추산했다. 마두로는 물가 인상에 대처하기 위해 최저임금을 454퍼센트 인상했다. [2017년] 현재 물가 상승률은 약 800퍼센트에 이를 것으로 추산된다. 당연히 평범한 베네수엘라인들의 생활수준은 몰라볼 정도로 하락했다. 베네수엘라인 80퍼센트가 만성적 재화 부족을 가장 큰 걱정거리로 꼽았다. 이는 많은 베네수엘라인들이 먹을 음식을 구하기도 힘든 처지라는 뜻이다. 베네수엘라교원노조는 최저임금 일자리 17개에서 동시에 일해야 생필품을 감당할 수 있을 지경이라고 추산했다.[22] 수입품이 특히 문제가 많은 영역이다. 수입품을 둘러싸고 밀수, 사재기, 투기, 노골적 도둑질, 부자들의 계좌로 들어가는 돈세탁이 만연해 있다. 기업들은 보조금을 지급받는 공식 환율로 [값싸게] 달러를 확보해 상품을 수입할 수 있다.* [공식 환율과 시장 환율의 차이를 이용한] 대규모

---

* 차베스 정부는 외환을 엄격히 통제하고 국가 재정을 투입해 환율을 낮게 유지했다. 석유 수출 이익을 줄이는 대신 수입품 가격을 낮춰 빈민에게 낮은 가격에 생필품을 공급하려는 것이었다 — 옮긴이.

사기극이 엄청나게 많이 벌어지고 있고, 우파는 명백히 경제 위기를 심화시키기 위해 생필품을 사재기하는 전술을 쓰고 있다. 안타깝게도 부패한 정부 관료들도 이런 범죄적 사재기로 득을 누리고 있다. 이들은 스스로 사재기를 하기도 하고 민간업자들의 사재기를 눈감아 주는 대가로 뇌물을 받기도 한다. 전체 수입품 거래의 약 60퍼센트가 부정한 목적을 위한 것으로 추산된다. 차베스 정부의 국가 복지 프로젝트 '미시온'은 특히 주택과 보건 부문에서 퇴보했는데, 보건 부문은 많은 경우 단순히 의약품이 없어서 치료가 불가능하기 때문이다.[23] 종합하면, 베네수엘라는 웨버가 묘사한 것처럼 '볼리바르식' 정책이 자본주의 축적과 베네수엘라의 세계시장 편입이라는 구조 속에서 객관적 한계에 직면한 것이다. 베네수엘라 경제에 대한 마이클 로버츠의 최근 통계조사 결과를 봐도 이 점이 가감 없이 드러난다.[24]

말년에 차베스 자신도 이 점을 규명하며 다음과 같이 호소했다. "자본 논리를 근본적으로 억제하고 사회주의로의 이행을 계속해야 합니다. 새로운 계획을 수립하고 민중이 혜택을 입는 생산을 가동하려면, 기존의 역겨운 관행을 통해 자신을 재생산하는 부르주아 국가를 분쇄해야 합니다."[25] 마두로 정부 아래에서 그런 프로젝트는 진척되지 않고 있다. 석유산업에 대한 투자는 [스페인 에너지 기업] 렙솔, [러시아 국영 가스 기업] 가즈프롬, [미국 에너지 기업] 셰브런 같은 다국적기업과 합작 투자 형태로 이뤄지고 있다. 석유 외 부문의 국영 기업은 만성적 투자 부족에 시달렸고, 설탕 정제 같은 엄청난 비용이 들어간 생산 프로젝트는 생산을 시작하지도 못했다. 베네수엘라 경제의 석유 의존성 문제를 해결하기 위한 산업 다각화 시도는 이뤄지지 않고 있다. 농업도 성장하지 못했고, 대지주의 토지를 재분배하겠다는 공약은 중단되거나 심지어 역전되기까지 했다. 경제에 대한 장기적 계획이 부족하다 보니 비효율과 무엇보다 부패가 만연해 있다.[26]

경제 위기로 득을 보는 것은 도둑질·사재기·투기·돈세탁을 저지르고 해외의 조세 회피지나 자유무역지대로 국부를 유출하는 사기업이나 개인들만이 아니다. 베네수엘라인들이 '볼리부르게시아'('볼리바르식

혁명'으로 등장한 지배계급)라고 부르는 사람들도 득
을 보고 있다. 이들은 차베스 지지자들 사이에서 성
장했지만, 사실상 정치적 통제에서 벗어나 있고 어떤
식으로든 베네수엘라인들에게 책임지지 않는다. 조지
시카렐로-마어는 이 과정을 "차베스 지지층 안에서
의 계급투쟁"이라고 표현한다.[27] 경제 핵심 부분을 통
제하고 내각과 주지사 다수를 차지하는 상당수 군 지
휘관들이 그런 계층[볼리부르게시아]에 해당한다.[28] 마이
클 로버츠는 군부가 통제하는 기업들이 경제 핵심 부
문에 광범하게 포진해 있고 군부가 경제적 특권을 쥔
상황을 상세히 서술한다.[29] 많은 군부 인사들이 어마
어마하게 부유해졌고 차베스 국가기구 안에서 권력이
강화됐다. 차베스 자신도 본질적으로 자본주의 국가
라고 규정한 이 국가는 규모와 권력 모두 막강해졌다.
차베스 집권기에 장관 수는 2배로, 차관 수는 4배로
늘었고, 정실 인사가 만연했다.

계급적 선택이 이뤄지기도 했다. 마두로 정부의 후
퇴는 대개 경제·정치 영역 모두에서 우파와 타협하려
는 것이었고, 따라서 필연적으로 빈민의 경제적 처지

가 하락하고 정치적 동원력이 약해졌다. 차베스 지지
층 내 우파, 국가 관료, 군 장교는 정치적 선택을 했다.
마이크 곤살레스는 현 상황을 이렇게 요약한다.

> 2002년 민중은 역사의 주체였다. 그러나 오늘날 그 역
> 할은 군부와 얽혀 있는 부패하고 냉소적인 관료 계급의
> 손에 넘어갔다. 이들은 자신들의 지위를 이용해 자기
> 자신을 살찌우고 있다. '베네수엘라 혁명'을 희생시키면
> 서 말이다.[30]

베네수엘라 우파는 2013년부터 마두로 정부에 맞
서 폭력적 반정부 운동을 계속해 왔다. 그러나 극렬
우익 반대파가 등장한 것이 새로운 일이 아님을 강조
하는 것이 중요하다. 사실, 차베스와 차베스의 정당
이 선거와 국민투표에서 승리를 거듭했지만 우파는
단 한 번도 차베스 정부의 합법성을 인정한 적이 없
다. 그러나 우파가 베네수엘라인들의 민주적 결정을
노골적으로 무시하고 나서도 이들에 대한 보복 조처
는 거의 없었다. 심지어 쿠데타를 감행하는 과정에서

대규모 탄압을 가하고 차베스 지지자 수십 명을 추격해 살해한 자들에 대해서도 말이다. 우파가 주도면밀하게 폭력을 행사하고 일상적으로 (특히 유색인종) 차베스 지지자들을 살해하는 지금도 이들에 대한 대응 조처는 비교적 관대하다. 마두로 정부는 반정부 우파가 민주주의를 어느 정도 존중하는 자들과 거리 폭력, 공공 자원 파괴, 암살, 노골적 강도짓을 직접 저지르는 자들로 분열돼 있다고 믿는 듯하다. 그것이 사실이 아니라는 것이 문제다. 서로 다른 경향의 우파들 사이에는 차이점보다 공통점이 더 많다. 두 경향 모두 베네수엘라의 가장 부유한 가문들이 이끌고, 조직하며, 당연히 재정적으로 후원하고 있다. 해외에서 상당한 지원을 받는 것도 매한가지다.[31] 둘 모두 베네수엘라 대중의 처지에는 일말의 관심도 없다. 둘 모두 민주적 방식을 존중하지 않고 쿠데타 모의나 조직을 선호한다(실제로 과거에 그랬다). 둘 모두 극단적 폭력 행위에 연루돼 있다. 둘 모두 준군사조직과 연계가 있고 이들의 무력을 이용하는데, 이런 준군사조직들은 마약 갱단이나 (가난한 사람들과 조직 좌파들에 대한

잔혹한 폭력으로 악명 높은) 콜롬비아 준군사조직과
연계돼 있다.[32]

베네수엘라 우파는 극도로 인종차별적이다. 그들은
계급적 이해관계와 가난한 사람들에 대한 인종차별적
증오가 결합된 관점으로 베네수엘라 사회를 바라본
다. 또 상층 지도자와 기층 활동가를 막론하고 스페인
계 이민자들의 후손으로, 자신들이 선천적으로 우월
하고 지배할 권리가 있다고 생각한다. 그들은 빈민과
농민에 대해 끔찍하기 짝이 없는 인종차별적 언사를
사용하며, 빈민·빈농을 자신들이 보기에 적절한 피지
배 상태로 되돌려 놓기 위해 폭력 사용을 호소하기도
한다.[33]

여러 우파 집단들 중에는 엔리케 카프릴레스 같은
(현재로서는) 의회 정치인들도 있고, 중간계급 학생들
로 구성된 돌격대도 있고, 레오폴도 로페스나 마리아
코리나 마차도 같은 쿠데타 주모자나 극우 폭동 교사
자도 있다. 일부는 [외국군의] 군사개입을 선호하는데,
2015년 총선 승리 결과 야당이 과반 의석을 차지한
국회를 지렛대 삼아 이를 도모할 수 있다. 그러나 [이런

차이에도] 우파 내 모든 분파가 원하는 것은 같다. 바로 지난 20년 동안 노동계급이 거둔 성과를 되돌리고 권위주의적 지배계급의 도전받지 않는 지배를 재확립하는 것이다. 베네수엘라 마르크스주의 경제학자 마누엘 서덜랜드는 이렇게 정곡을 찔렀다. "종합하면, [마두로 정부 아래에서 — 지은이] 차베스 지지자들은 합리적이고 온화한 자본가를 상상하지만 명백히 그런 자본가는 존재하지 않는다. 이 자본가들의 정상적 행동, 즉 자본축적 과정이 바로 베네수엘라가 재앙에 빠진 원인인데도 마두로는 이들과 협상하고 싶어 한다."[34] 엄청난 이윤을 벌어들이던 통상적 기업 활동은 차베스 정부 시절 거의 침해받지 않았다. 민간 부문은 물론이고 다국적 자본도 대체로 매우 유리한 조건을 보장받았다. 이 때문에 호전적이고 매우 적대적인 미국 백악관과 달리 신중하고 계산적인 월가 금융권은 차베스 정부 시절의 베네수엘라에서도 기꺼이 기업 활동을 벌였다. 마찬가지로 지금 마두로 정부도 베네수엘라 하층민들을 상대로 폭리를 취하고 사재기하고 착복하고 착취하는 자들에 대해서 거의 아무런 조처도

취하지 않고 있다. 마두로 정부는 민간 자본에 대한 회유에 열심이었다. 특히 유감스런 사례는, 2016년 5월 마두로 정부가 150개 외국계 석유·광업 기업들이 베네수엘라의 열대우림 지대를 수탈하도록 한 합의안인 아르코 미네로 프로젝트를 승인한 것이다. 이는 거대한 환경 피해를 낳을 뿐 아니라 '볼리바르식' 헌법에 명시된 원주민들의 권리를 부정하고 그들을 몰아내는 것이다.[35] 사기업이 그 지역의 자원을 관리하고, 마두로 정부의 국방부가 해당 지역을 군부의 통제 아래 둘 것이다. 우파의 또 다른 목표는 국영 석유 기업 PDVSA를 최소한 일부라도 민영화하는 것일 듯하다. 경제정책에서의 타협 시도는 위기를 전혀 해결하지 못했고 오히려 베네수엘라 노동계급의 경제적·정치적 힘을 약화시켰다.

아니나 다를까, 베네수엘라 정부는 세계 지배자들 사이에서 거의 지지를 받지 못하고 있다. 반면 야당은 해외에서 수백만 달러의 지원을 받는다. 2013년에 미국은 베네수엘라에 대한 적대적 성명을 103건 발표했다. 2015년 첫 세 달 동안에만 [훨씬 늘어] 170건이나 됐다. 버락 오바마 정부는 베네수엘라가 "미국 국가 안보에 대한 극도의 위협"이라고 선언했다. 이는 미국 국무부나 중앙정보국CIA 강경파들의 터무니없는 공상 속에서나 사실이겠지만, 이 때문에 미국이 베네수엘라 국가와 마두로 정부 인사들에게 경제제재를 가할 수 있게 됐다. 차베스 사망에 대해 오바마는 이렇게 논평했다. "미국은 앞으로도 [베네수엘라에서] 민주주의 원칙, 법치, 인권 존중이 바로 서도록 하는 정책을 계속 시행할 것이다." 민주주의 원칙, 법치, 인권 존중 중 어느 것도 베네수엘라에는 없다는 뜻이다.[36] 모두가 예상했듯 트럼프 정부는 독살스런 위협을 퍼붓고, 베네수엘라 우파에 대한 지지를 밝히고, 마두로 정부에 대한 경제제재를 확대하고 있다. 2017년 8월 트럼프는 이렇게 말했다. "베네수엘라에 대해 여러 선택지가 있다. 필요한 경우 군사개입도 배제하지 않고 있다." 미국 국무부가 지상군 투입이 적절한 수단일 것이라고 생각할 가능성은 낮고 상당수 베네수엘라 우파는 미군이 개입하면 마두로 지지가 강력해질 것이라 우려하고 있지만, 트럼프가 지상군 투입을 추진하지 않을 것이라 장담하기도 어렵다. 유럽연합EU 역시 마두로 정부에 적대적 태도를 취하고 있다. 베네수엘라 이웃 나라 정부들도 마두로 정부에 맞선 우파 야당들을 (보통 미주기구OAS를 활용해) 적극 옹호하고 있다(베네수엘라 우파가 차베스 정부를 공격할 때는 이런 일이 드물었다). 요즘 미주기구 성명은 사실상 백악관과 미국 국무부 성명의 복사판이다.[37] 때로 외국군 개입을 제안하는 데까지 나아가기도 한다.

제국주의가 베네수엘라의 '볼리바르식 혁명'을 끊임없이 공격하고 있다는 것은 의심의 여지 없는 사실이다. 왜 아니겠는가? 그러나 그 점이 차베스의 베네수엘라나 다른 "핑크 물결" 정부들의 문제점과 실수에 대한 분석을 회피하는 핑곗거리가 돼서는 안 된다. 웨버는 이렇게 썼다.

그러므로 진보 정부와 그 정부를 가능하게 한 사회운동의 한계에 대한 진지하고 균형 잡힌 분석을 회피하고 미국의 개입과 호전적 우파에 대한 일차원적 비판만 해서는 안 된다. 미국의 개입과 베네수엘라 우파의

적대 행위가 사태를 이렇게 만든 핵심 요소일지라도 말이다.[38]

마찬가지로, 세계 언론들은 차베스와 마두로에게 때로 노골적으로 히스테릭하게 반응했다. 웨버는 옳게도 다음과 같이 지적한다.

기성 언론들은 차베스에게 평균보다 더 냉혹한 잣대를 들이대도록 부추기는 경향이 있다. … 〈가디언〉, 〈뉴욕 타임스〉, 〈뉴 스테이츠먼〉 등의 지면에서 [차베스가 집권한] 1999년 이후 베네수엘라의 운명에 대한 디스토피아적 환상을 최악의 형태로 볼 수 있다.[39]

미국과 스페인의 주류 언론(〈엘 파이스〉가 대표적이다) 지면을 보면 이 점이 더 두드러진다. (우파의 주장과 달리 지금까지도 베네수엘라인 70퍼센트가 시청하는 것으로 추산되는) 베네수엘라 민영방송을 비롯해 콜롬비아와 미국에 근거지를 둔 다른 언론들이 우파 지지 캠페인을 끈질기게 지속하고 있다. 사건의 진실에 대한 관심은 거의 없이 온라인과 트위터에서 캠페인만 지속하고 있다. 진압경찰이 시위대를 잔혹하게 진압한 영상을 방송한 사례가 특히 유명한데, 사실 이 영상은 [언론의 주장과 달리] 베네수엘라 경찰이 아니라 이집트 경찰을 찍은 것이었다.[40] 이들은 왜곡, 고정관념, 반쪽짜리 진실, 과장, 노골적 거짓말을 끊임없이 늘어놓아 (특히) 차베스, 차베스 지지자, 마두로를 깎아내리고, 신자유주의 경제와 지배계급의 정치 지배에서 벗어날 정치적 대안이 존재한다는 생각 자체를 공격한다. 물론, [해외의] 주류 언론들은 베네수엘라의 위기를 이용해 자신들의 국내 의제를 밀어붙이려하기도 한다. 예컨대 스페인의 지난 두 차례 선거에서우파는 포데모스의 핵심 지도자들이 "핑크 물결"이 휩쓴 라틴아메리카 국가들을 방문해 정치사상 일부를배웠다는 사실을 걸핏하면 끄집어내 포데모스 폄하에이용했다. 영국에서는 최근 베네수엘라가 돌연 언론의머리기사를 장식했다. 베네수엘라의 복잡한 상황을이해할 수 있게끔 하려는 것은 결코 아니었고, 노동당제러미 코빈 개인에 대한 손쉬운 공격 수단으로 삼고,

특히 진보적 사회 변화 계획은 그 자체로 위험할 뿐 아니라 실패할 수밖에 없다고 주장하기 위해서였다.

베네수엘라의 경제 위기와 우파의 정치 공세에 모두 대처하려면 노동계급의 이해관계 — 그 단어의 정의상 현 상황에서 자본을 희생시켜야만 가능한 — 에 따라 단호하게 대응해야 한다. 베네수엘라인 다수와 특히 노동계급 다수는 자신들을 이롭게 할 그런 대응을 여전히 지지한다. 또 여전히 우파에 깊은 적대감을 품고 있으며, 우파가 자신들의 목표를 달성했을 때 어떤 일이 일어날지 분명히 알고 있다. "절대 그들이 돌아와선 안 된다"는 구호는 여전히 인기가 많다. 시카렐로-마어는 이렇게 지적한다. "불안정과 결핍으로 고통을 겪었지만, 차베스 지지자이든 아니든 가난한 사람들은 모두 다수의 투표로 선출한 정부를 전복하려 드는 반민주적 운동을 지지하기를 꺼렸다."[41] 그렇지만 부패하고 동요하는 정부에 대한 지지도 더는 보장돼 있지 않다. 이는 우파 득표수 증가보다는 사람들이 통합사회주의당의 계획을 지지하기 위해 투표장에든 시위에든 예전만큼 많이 나오지 않는다는 데서 두드러지게 표현된다. 2015년 12월 총선에서 우파가 의석 3분의 2를 장악했을 때 이들은 이전 선거에 비해서 약 30만 표 더 받았다. 그보다 훨씬 두드러졌던 것은 차베스 지지 표 중 약 200만 표가 기권·무효표로 빠져나간 것이었다.[42] 언론에 보도된 반정부 거리 시위 다수는 여전히 주로 우파 야당 소속 시장이 있는 중간계급·상층계급 거주 지역으로 제한돼 있지만, 2014년에 반정부 운동이 시작된 이후 지금은 차베스 지지자 강세 지역으로도 번진 예외 사례들이 더 많이 발견되고 있다.[43]

오늘날 베네수엘라에는 민중 권력 수립에 헌신하는 활동가들이 여전히 많다. 민중 [진영] 세력들은 계급투쟁이 고조됐던 시기에 배운 교훈을 잊지 않았으며, 자신들이 쟁취한 성과를 우파가 되돌리게끔 순순히 굴복하지 않을 것이다. 우루과이인 저술가·활동가 라울 시베치는 이렇게 표현했다.

우리는 1990년대의 신자유주의화·민영화로 회귀하지 않을 것이다. 사회 기층 민중의 상황이 당시와 다르기 때문이다. 이들은 당시보다 더 잘 조직돼 있고, 자부심이 더 높으며, 자신들을 짓누르는 경제체제에 관해 더 잘 알고 있다. 무엇보다, 이들은 권력자들에 맞서 싸울 역량이 더 커졌다. 그간의 집단적 경험들이 헛되지 않았다. 이들은 그 경험 덕에 새로운 상황에서 어떻게 행동해야 할지 지식과 교훈을 얻었다. 이는 새로운 우파에 맞서 꼭 필요한 저항을 건설할 때 중요한 구실을 할 것이다.[44]

우경화, 부패, 타협에 대한 격렬한 비판이 좌파 쪽에서 제기되고 있다. 이 좌파들이 운동을 이끌어 국가에 대한 통제력을 재확립하고 우파를 꺾게끔 할 수 있을지가 관건이다. 애초에는 통합사회주의당 내에 있다가 2015년 탈당한 좌파 경향 '사회주의 물결'은 이렇게 분석했다.

우리는 고전적 반혁명 도식을 보고 있다. 정부를 압박해 반민중적 정책을 시행하고 그 때문에 사회적 기반을 잃도록 하기, '볼리바르식 혁명'에 대한 민중의 피로감을 가중시키기 등. 그 결과는 민중이 정부 축출을 (폭

력적 방식이든 온건한 방식이든 상관없이) 더 순순히 받아들이게 되는 것이다.[45]

'사회주의 물결'은 방어적 경제 전략에서 공세적 경제 전략으로의 전환을 요구하고 있다. 이들은 대외무역과 핵심 수입품과 통화에 대한 국가 통제 강화, 은행 체계에 대한 개입, 국가 차원의 생필품 생산 증대, 사재기·투기·밀수를 자행하는 거대 기업체 몰수 등을 요구하고 있다. 마이클 로버츠는 베네수엘라가 경제 위기에서 어떤 식으로든 벗어나기 위해 취해야 할 조처로 이와 놀랍도록 비슷한 내용을 제시한다. "국가의 대외무역 독점, 식량 생산·유통 체계의 몰수, 외채에 디폴트(채무 불이행) 선언, 은행·대기업 몰수, 국가 차원의 민주적 생산계획 수립." 로버츠는 라틴아메리카의 다른 나라 정부들도 이와 유사한 조처를 시행할 태세가 돼 있지 않다면 이런 조처들로도 충분치 않을 것이라고 강조하기도 했다.[46]

마두로 정부가 이런 조처들을 고려하고 있다는 조짐은 현재로서는 전혀 없고, 당연히 위의 조처 중 하나만 시행해도 계급 갈등이 첨예해지고 베네수엘라 안팎의 우파들이 들고일어날 것이 명백하기 때문에, 대중의 정치 참여와 운동을 확대하지 않는다면 소용이 없을 것이다. 이는 최근 몇 년간 차베스 지지·계승 세력이 가던 길이 아니었다. 차베스 지지·계승 세력 핵심부에서 심각한 부패와 관료주의가 자라났다. 정부에 대한 기층의 영향력은 줄어든 반면, 군부의 구실은 매우 커졌다. 이 때문에, 롤란드 데니스의 묘사에 따르면, 사회적 통제가 기술 관료와 관료 기구의 통제로 대체됐다.[47] 차베스가 꿈꾼 참여 사회주의가 본질적으로 실현되려면 이런 구조가 바뀌거나 파괴돼야 한다. 우파를 물리치는 것만 문제인 것이 아니라 어떻게 물리칠 것인지도 문제다. 차베스 집권기에 획득한 성과를 성공적으로 지켜 내려면 10여 년 전과 같은 대중운동의 시대가 돌아와야 할 것이다. 그러려면 통합사회주의당과 '볼리바르식' 국가가 어쩌다가 잘못된 것인지 정직하게 평가하고 당과 국가 관료 기구에서 부패한 집단을 일소해야 할 것이다.

최근 몇 달 동안 마두로 정부는 위기의 악화 일로

에 빠져든 듯하다. 심각한 경기 침체 속에서 헌법에 보장된 권리를 사실상 제약하는 국가비상사태가 선포되자 우파 야당이 대거 공세에 나섰다. 이들은 매일같이 집회를 열어, 일부러 보안군과 폭력적이고 떠들썩한 소규모 충돌을 빚었다. 우파의 공격은 베네수엘라를 통치 불가능 상태에 빠뜨리고, 지리한 전투 끝에 정권이 붕괴하게끔 하려는 것이다. 국회가 여소 야대 상황이라, 우파가 통제하는 입법부와 통합사회주의당이 통제하는 행정부와 사법부 사이에 제도적·행정적 충돌이 이어지고 있다. 몇몇 야당 의원들의 법적 지위에 대한 공방이 대법원, 옴부즈맨, 국회가 연루된 정쟁으로 비화했다. 지방의회 선거와 노동조합 선거가 [정부에 의해] 연기됐다.

2017년 5월 1일 마두로는 새 제헌의회 선거를 선포했다. 제헌의회 의원은 일부는 지역별 투표로, 일부는 노동자·농민·기업인·상인·장애인·원주민 등 부문별 투표로 선출될 것이었다. 제헌의회에 '볼리바르식' 헌법을 개정할 권한을 부여해서, 이 힘으로 국회에 맞서고 정국의 교착 상태를 타개하려는 것이었다.[48] 이 제헌의회 선거는 반정부 운동의 초점이 됐다. 반정부 운동 세력은 7월 말까지 매일같이 시위를 벌이고, 제헌의회 반대 [비공식] 국민투표를 조직하고, 공식 선거를 보이콧했다. 새롭게 선출된 (차베스 지지) 제헌의회는 이제 (우파가 통제하는) 국회의 기능을 대신 수행하고 있다. 이 글을 쓰는 지금[2017년] 양측은, 마두로 정부가 위헌적으로 행동하는 독재 정부라는 (우파 측의) 비난과, 우파야말로 헌법을 무시하고 있으며 나라를 불안정하게 만들고 쿠데타를 선동한다는 (통합사회주의당 측의) 비난을 끊임없이 주고받고 있다. 대립이 끝날 징후는 보이지 않는다.[49]

좌파 분석가들 사이에서 베네수엘라의 위기를 두고 많은 논쟁이 벌어지고 있지만, 그 논쟁에서 통합사회주의당의 타락이나 "'차베스 지지 세력이 거둔 성과'가 실제로 사라지고 있다"(시카렐로-마어)는[50] 사실은 별로 다뤄지지 않고, 그보다는 위기를 어떻게 설명할 것인지와 무엇보다 어떻게 앞으로 나아갈 길을 제시할 것인지가 더 많이 다뤄지고 있다. 시카렐로-마어는 마이크 곤살레스의 마두로 정부 비판에[51] 반박하며 다음과 같이 주장했다. "결점이 얼마나 많든, 마두로 정부는 여전히 급진적 변화의 가능성을 상징한다." 시카렐로-마어는 '볼리바르식 혁명' 지지 좌파들의 성공 가능성을 낙관하며, [베네수엘라 북서부 도시] 바르키시메토의 지역위원회에서 활동하는 한 조직자의 말을 인용했다.

집권은 '볼리바르식 혁명'의 목표가 아닙니다. '볼리바르식 혁명'은 대통령직 이상입니다. 그래서 우파가 혁명을 꺾을 수 없었던 것이고 오늘날에도 혁명이 거리에서 숨 쉬고 있는 것입니다. 우리는 계속 저항하고, 국가의 구조 자체를 변혁할 진정한 혁명적 대안을 건설해야 합니다. … 부패와 관료주의에 찌든 정부와 국가기관을 정화하기도 해야 합니다. 군부의 권력을 빼앗아 와야 합니다. 금융 마피아가 너무 많습니다. 통화에 대한 통제권을 [그들의 손에서] 없애고 은행과 외환시장을 국유화해야 합니다. 우파는 절대 대안이 될 수 없을 것입니다. [마두로] 정부에 비판적이어야 하고 통치력을 갖춘 진정한 대안을 건설해야 합니다.[52]

시카렐로-마어는 도시와 시골의 지역위원회와 콜렉티보(빈민가의 무장 자경 민병대) 등 기층 조직들의 저항에 기대를 걸고 있다. 시카렐로-마어는 다음과 같이 주장했다. "혁명의 주춧돌인 이들은 부패에 일관되게 맞서 왔고, 자신들의 자치권을 지키고 권력자들이 사회주의로 더 빨리 이행하게끔 압박해 왔다."[53] 시카렐로-마어는, 베네수엘라 전역에서 이런 [기층] 세력들이 힘을 합하면 우파의 공격에 맞설 수 있고, 기층에서 '볼리바르식 혁명'을 지키면서 통합사회주의당 상층 엘리트에도 맞설 수 있다고 주장했다. 또, C L R 제임스가 프랑스 대혁명에 관해 분석하면서 자코뱅과 상퀼로트를* 비교한 것에[54] 비유하며 다음과 같이 주장했다.

　제임스의 정의에 따르면 '자코뱅'이라 할 수 있는 고故 우고 차베스는 대체로 민중을 대신해서가 아니라 민중

─────
* 상퀼로트: 프랑스 혁명 당시의 빈민. 주로 장인과 그 가족이었지만 노동자도 일부 포함돼 있었다 ─ 옮긴이.

과 함께 행동했다. 그러나 차베스의 개성과 그가 권좌에 있다는 점 때문에 차베스는 불가피하게 기층과 거리를 두게 됐다. 혁명은 차베스가 시작한 것이 아니었다. 혁명은 차베스보다 먼저 일어났고, 차베스를 초월했으며, 차베스가 죽은 지금도 살아 있다. 마치 상퀼로트처럼, 베네수엘라 혁명가들도 민주적 참여 사회주의 대안을 건설하는 느리고 힘겨운 길에 온몸을 던지고 있기 때문이다. 그러나 이런 가능성은 니콜라스 마두로가 위험하게도 다음과 같은 점을 무시하고 있다는 경고이기도 하다. 즉, '볼리바르식 혁명'을 구원하는 것은 베네수엘라판 자코뱅이 아니라 상퀼로트다.

차베스 지지·계승 세력과 통합사회주의당은 타락했지만, 베네수엘라 전역에 있는 대중조직에 광범하고 전투적인 의식과 운동이 존재한다는 점은 의심의 여지가 없다. 이 의식·조직·운동은 마두로 정부의 동요와 반민중적 정책에 맞선 높은 수준의 저항을 낳을 것이고 우파에 맞서서는 더더욱 그럴 것이다. 이런 저항이, 끔찍하게 어려운 상황에 처한 베네수엘라 노동계급 전체의 이익을 증진하기 위해 전국적 수준에서 자본주의 국가에 도전하는 조직으로 발전할 수 있을지가 진정한 쟁점이다. 그런 조직은 부패에 찌들고 위로부터의 지시에 전념하도록 만들어진 통합사회주의당 안에서 성장할 수 없다. 또 그런 조직은 국가권력이라는 핵심 문제를 해결하지 않고 만들어질 수도 없다. "운동과 국가 사이의 복잡하고 역동적인 상호작용과 상호 규정"(시카렐로-마어)이[55] 명료해져야, "어느 사회 계급이 권력을 장악할 것인가"(웨버)가[56] 분명해질 것이다. 웨버는 프랑스 마르크스주의자 다니엘 벤사이드를 길게 인용하며 이 점을 지적했다.

그럼에도, "대항 권력"이라는 수사를 빌려 … 정치권력 문제를 무시함으로써 이런 어려움을 회피할 수 있다는 환상이 남아 있다. 경제적·군사적·문화적 권력이 전보다 더 널리 흩어져 있는 듯해도, 그런 권력들은 이전 어느 때보다 집중돼 있다. 당신이 권력을 무시하는 척한다 해도, 권력은 당신을 무시하지 않을 것이다. 권력 장악을 거부하는 것이 우월하다는 듯 행동할 수는 있지만, 1937년 카탈루냐에서 [1973년] 칠레를 거쳐 [1994년] 멕시코 치아파스까지의 경험을 보면, 권력을 장악하지 않겠다고 결정한 바로 그 순간 권력은 최악의 잔혹한 방식으로 주저 없이 당신을 응징할 것이다. 한마디로, 대항 권력 전략은 이중권력과 [권력 장악을 통한] 그것의 해결이라는 관점으로 사고할 때만 의미가 있는 것이다. 즉, 어느 쪽이 권력을 장악할 것인가 하는 문제 말이다.[57]

라틴아메리카에 관한 최고의 마르크스주의 분석가들조차 외면하곤 하는 쟁점이 여기서 도출된다. 국가권력의 문제를 회피할 수 없고 언젠가 기존 체제로부터 단절하는 결정적 순간에 반드시 마주해야 한다면, 사회주의자들은 국가권력 문제에 제대로 대처하기 위해 어떤 형태의 정치조직이 필요한지를 반드시 답해야 한다. 라틴아메리카 지역에서 혁명적 정당의 맹아들이 겪은 유감스런 역사를 보면, 이 불편한 문제를 무시하는 것이 정당화될 수 없다. 국가권력 문제에 대처하지 않고 세계를 바꿀 수 있다고 주장하는 수평주의적 전망으로는 (그런 사람들이 널리 했던 주장과는 달리) 자본주의 착취 동학을 파괴할 수도, 진보적으로 보이던 정권이 또 다른 형태의 독재로 변질되는 것을 막을 수도 없었다. 국가권력을 장악하고 (일국에서 시작해 국제적으로 확산되는 투쟁으로) 자본주의를 타도할 수 있는 조직으로 노동 대중(이 말을 어떻게 이해하든 간에)의 잠재력과 정치의식을 집중시키는 문제에 관해 여전히 답해야 한다. 이를 위해 '사회주의 물결'은 제헌의회 선거 직후에 그것을 "베네수엘라 대중에 대한 거대한 사기"라고 맹렬히 비판하며 "비판적 차베스 지지 세력과 자주적 좌파들"에게 공개서한을 보냈다. 그 서한의 제목은 "새로운 대중적 해방운동을 건설할 때"로, 투쟁을 전진시키기 위해 국가로부터 독립적인 연합 조직을 새로 건설하자고 주장했다.[58]

오늘날 베네수엘라뿐 아니라 다른 "핑크 물결" 나라들도 경제적·사회적·정치적 불안정이 심해지는 시기에 접어들고 있음은 명백해 보인다. 정치적 합의가 더 어려워지고 계급 갈등이 늘어날 것이며, 노동계급 대중의 삶의 질은 하락할 것이고 어쩌면 미국의 개입이 재개될 가능성도 있다.[59] 자본주의에 반대하는 능동적이고 자주적인 정치 세력들은 국가와 맺는 관계가 변하면서 변화를 겪었고, 대체로 발전하는 과정에 있다. 라울 시베치는 이들이 이전과 같지 않으며 1990년대에 투쟁하던 사람들과 같은 방식으로 활동하지 않는다고 주장했다.[60] 웨버의 표현을 빌리면, 이들의 자주적·능동적 참여 역량은 재건돼야 한다. 벤사이드는 사회혁명을 두고 "자본축적 논리를 대체할 대안적 논리를 도입하고, 기존 생산관계를 초월해 새로운 가능성의 영역을 열 수 있는" 과정이라고 했다.[61] 베네수엘라의 '볼리바르식 혁명' 과정에서 결여된 것이 바로 이것이다. 베네수엘라에서 사회혁명의 가능성이나 기회가 없었다고 말하려는 것이 아니다. 노동계급이 전진할 기회의 문이 모두 닫혔다고 말하려는 것도 아니다. 요점은, 격렬한 투쟁에서 핵심적 순간에 사회변혁의 가능성은 확장·심화돼야 하며, 그러지 않으면 줄어들 수도 있다는 것이다. 베네수엘라를 비롯한 라틴아메리카 나라들이 어느 쪽으로 가는지에 따라 역사의 다음 장에 영향을 미칠 요소들이 결정될 것이다.

베네수엘라의 현 사태에 관한 사회주의자들의 태도는 명확하다. 합헌적 방식으로든 쿠데타나 내전을 통해서든 베네수엘라 우파가 승리한다면, 이는 베네수엘라 노동계급과 라틴아메리카 전체의 노동계급이 패배하는 것이며, 베네수엘라에서 가장 반동적인 세력이 승리하는 것이며, 제국주의가 승리하는 것이다. 역겹게도 도널드 트럼프는 그런 일이 일어날 것이라고 으름장 놓고 있는데, 이는 실로 상상만으로도 끔찍하다. 이렇게 되면 다른 베네수엘라를 위해 싸웠던 모두가 베네수엘라 각계각층에서 잔혹하고 유혈 낭자한 반동에 직면할 것임은 의심할 여지가 없다. 베네수엘라 대중에게 끔찍한 정치적·경제적 복수가 가해질 것이며, 가장 노골적이고 무자비한 착취가 부활할 것이며, 차베스 지지·계승 세력과 무엇보다 노동운동과 모든 대중운동 조직들이 거뒀던 성과가 체계적으로 분쇄될 것이다. 사회주의자들은 모두 '볼리바르식 혁명'과 베네수엘라 노동계급을 무조건적으로 방어해야 하며, 우파가 이들에게 퍼붓는 공격에 반박해야 한다. 그런 공격을 퍼붓는 자들은 라틴아메리카 노동계급을

계속 착취·억압할 수 있는 특권과 권력을 연장하고
자 하는 부자들이고, 세계를 지배하려 드는 다국적기
업들과 제국주의자들이며, 자본주의의 대안이란 없고
다른 세계는 가능하지 않다고 주장하는 국제 언론사
의 충복들이다.

   그러나 동시에, 사회주의자들은 차베스 지지·계승
세력과 여타 "핑크 물결" 정부들처럼 이런저런 개혁주
의자들과 국가가 주도하는 [위로부터 개혁] 프로젝트의
응원 부대가 아니다. 사회주의자는 "이것을 혁명이라
고 부르는 분석상의 오류"(웨버)를 저지를 필요가 없
다.[62] [베네수엘라에서] 시장이라는 족쇄와 자본축적의 요
구는 사라지지 않았다. 자본주의 국가는 대체되기는
커녕 도전받지도 않았다. 베네수엘라와 모든 "핑크 물
결" 나라들에서 노동계급과 사회운동은 [국가와] 갈등
을 겪어 왔고, 이들을 대상으로 국가 폭력이 자행되고
있다. 이런 경향이 점증하는 추세다. 이 정부들에게 노
동계급의 운동과 조직을 북돋는 것은 전혀 핵심 요소
가 아니었다. 반대로, 신생 엘리트들은 모든 종류의 대
중조직을 가라앉히고 사기 저하시켜 왔다. 우리는 마

두로 정부에 분명히 비판적이며, 그 전임자인 차베스 정부에도 비판적이다. 또 통합사회주의당의 부패, 관료주의, 비효율, 책임성 부재에도 비판적이다. 그들이 아니라, 진정으로 민주적이고 궁극적으로는 사회주의적인 사회의 기반을 건설하기 위해 거듭거듭 투쟁하는 조직에 주목하고 그런 조직을 지지해야 한다.

2장

1 venezuelanalysis.com, Jan 31 2005.

2 Richard Willoughby Gott, *Hugo Chávez: The Bolivarian Revolution in Venezuela*(Verso, 2005) p67에서 인용·[국역:《민중의 호민관 차베스》, 당대, 2006].

3 Michael McCaughan, *New Internationalist*, May 2003.

4 *Znet*, Apr 10 2005에서 인용.

5 *Socialist Worker*, Sep 24 2005.

6 *Socialist Worker*, Sep 4 2005.

7 *counterpunch.org*, Aug 16 2004.

8 *International Socialism* 109에 번역된 시에테 소브레 시에테 (Siete Sobre Siete)와의 인터뷰에서 인용.

9 *Socialist Worker*, Nov 12 2005.

3장

1 이 글의 초고를 검토하고 조언해 준 조셉 추나라, 케빈 코어, 엑토르 푸엔테 시에라에게 감사하다.

2 Webber, 2017, p13.

3 Gaudichaud, 2010; Modonesi and Rebón, 2011.

4 Gudynas, 2012.

5 Harvey, 2003.

6 Webber, 2017, p23.

7 Webber, 2017, p15.

8 Webber, 2017, p19.

9 Webber, 2017, chapters 3 and 4; Gonzalez, 2016.

10 Webber, 2017, p162.

11 Morton, 2007, p318.

12 Modonesi, 2012.

13 Tapia, 2011.

14 Webber, 2017, p295.

15 Callinicos, 2010.

16 Webber, 2017, p169.

17 Choonara, 2006, p14; Gonzalez, 2004. '볼리바르식' 이라는 표현은 19세기 베네수엘라 혁명가 시몬 볼리바르에게서 따온 것이다.

18 Ciccariello-Maher, 2016, p17.

19 *International Socialism*, 2006; Lebowitz, 2005; Ciccariello-Maher, 2013, chapters 7 and 9.

20 Gonzalez, 2017.

21 Ciccariello-Maher, 2013, p239; Webber, 2017, p246.

22 Gonzalez, 2017.

23 Gonzalez, 2016.

24 Roberts, 2017.

25 Gonzalez, 2014에서 인용.

26 Gonzalez, 2016.

27 Ciccariello-Maher, 2016, p42.

28 Gonzalez, 2017.

29 Roberts, 2017.

30 Gonzalez, 2016.

31 Ciccariello-Maher, 2016, p60.

32 Ciccariello-Maher, 2016, chapter 3, 2017.

33 Ciccariello-Maher, 2016, p56.

34 Webber and Spronk, 2014에서 인용.

35 Gonzalez, 2017.

36 Webber, 2017, p30

37 Ellner, 2017.

38 Webber, 2017, p275.

39 Webber, 2017, p29.

40 Ciccariello-Maher, 2016, p53.

41 Ciccariello-Maher, 2016, p55.

42 Gonzalez, 2016.

43 Ellner, 2017; Gonzalez, 2017; Ciccariello-Maher, 2016, p58.

44 Zibechi, 2015.

45 Webber and Spronk, 2014.

46 Roberts, 2016.

47 Denis, 2015.

48 LUCHAS, 2017.

49 어떤 일들이 벌어졌는지 더 자세히 알고 싶으면 *Al Jazeera*, 2017 참조.

50 Ciccariello-Maher, 2017.

51 Gonzalez, 2017.

52 Ciccariello-Maher, 2017.

53 Ciccariello-Maher, 2016, p68.

54 James, 1989, p88.

55 Ciccariello-Maher, 2013, p6.

56 Webber, 2017, p248.

57 Bensaïd, 2002.

58 Marea Socialista, 2017.

59 Webber, 2017, p280.

60 Zibechi, 2015.

61 Bensaïd, 2002, Webber, 2017, p250에서 인용.

62 Webber, 2017, p272.

참고 문헌

3장

Al Jazeera, 2017, "Venezuela Crisis: All the Latest Updates" (18 September), www.aljazeera.com/news/2017/06/key-moments-venezuela-crisis-170628094423459.html

Bensaïd, Daniel, 2002, "Leaps! Leaps! Leaps!", *International Socialism* 95 (summer), https://tinyurl.com/ybyz8rnn

Callinicos, Alex, 2010, "The Limits of Passive Revolution", *Capital and Class*, volume *34*, issue 3.

Choonara, Joseph, 2006, *Venezuela and Revolution in the 21st Century* (SWP)[국역: 이 책의 2장].

Ciccariello-Maher, George, 2013, *We Created Chávez: A People's History of the Venezuelan Revolution* (Duke University Press).

Ciccariello-Maher, George, 2016, *Building the Commune: Radical Democracy in Venezuela* (Verso).

Ciccariello-Maher, George, 2017, "Which Way Out of the Venezuelan Crisis?" *Jacobin* (29 July), https://tinyurl.com/y85uahjm

Denis, Roland, 2015, "Chávez Didn't Dare to Do What He Had to Between

2002 and 2003" (12 June), https://venezuelanalysis.com/analysis/11414

Ellner, Steve, 2017, "Standoff in Venezuela", *Links: International Journal of Socialist Renewal* (12 May), http://links.org.au/standoff-in-venezuela

Gaudichaud, Franck (ed), 2010, *El volcán latino-americano: Izquierdas, movimientos sociales y neoliberalismo al sur del Río Bravo* (Editorial Otroamerica).

Gonzalez, Mike, 2004, "Venezuela: Many Steps to Come", *International Socialism 104* (autumn), http://isj.org.uk/venezuela-many-steps-to-come/

Gonzalez, Mike, 2014, "The Reckoning: The Future of the Venezuelan Revolution", *International Socialism 143* (summer), https://tinyurl.com/y8p9jbkj

Gonzalez, Mike, 2016, "Redeeming Chávez's Dream", *Jacobin* (2 June), https://tinyurl.com/y8bpvz8a

Gonzalez, Mike, 2017, "Being Honest About Venezuela", *Jacobin* (8 July), https://tinyurl.com/y9jrhgvo

Gudynas, Eduardo, 2012, "Estado compensador y nuevos extractivismos: Las ambivalencias del progresismo sudamericano", *Nueva Sociedad 237* (January-February).

Harvey, David, 2003 *The New Imperialism* (Oxford University Press)[국역: 《신제국주의》, 한울, 2016].

International Socialism, 2006, "Dossier: Reform and Revolution in Venezuela", 109, https://tinyurl.com/yc45bkrw

James, C L R, 1989 [1963], *The Black Jacobins* (Vintage)[국역: 《블랙 자코뱅》, 필맥, 2007].

Lebowitz, Michael, 2005 "Chávez and the Venezuelan Revolution" (12 November), https://tinyurl.com/y98ofop6

Liga Unitaria Chavista Socialista (LUCHAS, Unitary Socialist Chavista League), 2017, "Statement on call for a Constituent Assembly" (2 June), http://links.org.au/luchas-venezuela-constituent-assembly

Marea Socialista, 2017, "Marea Socialista propone al chavismo critico y a la izquierda autonoma, construir 'un nuevo movimiento emancipador'" (1 August), www.aporrea.org/actualidad/n312357.html

Modonesi, Massimo, and Julián Rebón (eds), 2011, *Una década en movimiento: Luchas populares en América Latina, 2000-2009* (CLACSO).

Modonesi, Massimo, 2012, "Revoluciones pasivas en América Latina: Una aproximación gramsciana a la caractirización de los gobiernos progresistas de inicio del siglo", in Mabel Thwaites Rey (ed), *El Estado en América Latina: Continuidades y rupturas* (CLACSO).

Morton, Adam David, 2007, *Unravelling Gramsci: Hegemony and Passive Revolution in the Global Political Economy* (Pluto Press).

Roberts, Michael, 2016, "Venezuela: Near the End?" (31 May), https://thenextrecession.wordpress.com/2016/05/31/venezuela-near-the-end/

Roberts, Michael, 2017, "The Tragedy of Venezuela" (3 August), https://tinyurl.com/y6vaza4x

Tapia, Luis, 2011, *El estado de derecho como tiranía* (Autodeterminacion).

Webber, Jeffery, 2017, *The Last Day of Oppression, and the First Day of the Same: The Politics and Economics of the New Latin American Left* (Pluto Press).

Webber, Jeffrey, and Susan Spronk, 2014, "February Traumas: The Third Insurrectionary Moment of the Venezuelan Right", *New Politics* (25 February), http://newpol.org/content/february-traumas-third-insurrectionary-moment-venezuelan-right

Zibechi, Raúl, 2015, "Las tormentas que vienen", *La Jornada* (27 December), www.jornada.unam.mx/2015/11/27/opinion/024a2pol/